I0461429

La Regla

La Regla

LA REGLA DE SAN JUAN PABLO II
para un
MATRIMONIO *de* AMOR DIVINO LLENO DE ALEGRÍA

Theresa y Peter Martin

Traducido por María J. Hernández Cabrera

 WOJTYŁA INSTITUTE PRESS
— for the joy of truth —

LIBRERIA EDITRICE VATICANA

Textos de Karol Wojtyła/San Juan Pablo II © Librería Editrice Vaticana, publicados con permiso 2025.
Copyright © 2025 Theresa y Peter Martin. Traducido por MariaJosie Hernández Cabrera. Todos los derechos reservados.

Publicado en los Estados Unidos por Wojtyła Institute Press, una marca de Wojtyła Community & Institute, Inc., Wisconsin.
www.wojtylaci.com

La digitalización, la carga de contenido y la distribución de este libro a través de Internet o cualquier otro medio sin el permiso del editor es ilegal y está penado por la ley. Por favor, adquiera únicamente ediciones digitales autorizadas y no participe ni fomente la piratería electrónica de materiales con derechos de autor. Se agradece su apoyo a los derechos de los autores.

Imagen de portada: foto de La Regla original, escrita a mano por el cardenal Karol Wojtyła. © Arquidiócesis de Cracovia, impresa con autorización.

Diseño gráfico de la cubierta: Christina Ghioto, littleloretto.com

WOJTYŁA INSTITUTE PRESS
— for the joy of truth —

ISBN 979-8-9986369-0-5
IMPRESO EN LOS ESTADOS UNIDOS DE NORTEAMÉRICA.
Edición en español, 2025.

NIHIL OBSTAT: Rvdmo. Sr. Samuel A. Martin
Censor Librorum
14 de diciembre de 2022

IMPRIMATUR: Ilmo. y Rvdmo. Sr. D. William Patrick Callahan ✠
Obispo de La Crosse
12 de enero de 2023

Copyright © 2023 Theresa y Peter Martin. Todos los derechos reservados. Textos polacos traducidos por A. Pata, 2020.

ISBN 978-0-578-39565-4
IMPRESO EN LOS ESTADOS UNIDOS DE NORTEAMÉRICA.

Primera Edición, 2023.

DEDICAMOS ESTE LIBRO A

Nuestro amado salvador Jesucristo, "Oh fuente de vida, insondable Misericordia Divina, envuelve el mundo entero y derrámate sobre nosotros". Ponemos todo lo que hacemos en tus manos misericordiosas; ¡Jesús, en ti confiamos!

Nuestra queridísima Madre María, clamamos a voz en grito,
¡Totus tuus, María!

San Juan Pablo II.

Su Eminencia Reverendísima, el Cardenal Raymond Leo BURKE.

Profesor Stanisław y su esposa, y Ludmiła Grygiel. Padre Przemysław Kwiatkowski.

La Junta Directiva y el Consejo de Liderazgo de la WCI, con un agradecimiento especial a la editora principal, Sra. Emily Lofy, por su ojo atento y su corazón desinteresado.

A nuestros padres, Phil y Liz Slattery y +Mark y Barbara Martin, por su testimonio de matrimonio y los años de amor desinteresado que dieron (y siguen dando) a todos sus hijos y nietos (*¡y bisnietos!*).

A nuestros hijos: Gregory, Louis, Leonardo, Emmanuel, Damian, Anthony, Marie-Thérèse, Charles y nuestros bebés en el cielo. Ustedes son nuestra luz, nuestra alegría y nuestro camino a la santidad. Los amamos.

CONTENIDO

Prólogo

Cuando el Papa San Juan Pablo II encomendó al entonces Padre Carlo Caffarra, un joven profesor de teología moral, la tarea de desarrollar el Instituto Pontificio Juan Pablo II para Estudios sobre el Matrimonio y la Familia, el padre Caffarra se encontró con dificultades aparentemente insuperables. Como resultado, escribió a la Hermana Lucía dos Santos, una de los tres pastorcitos a quienes la Virgen Madre de Dios se apareció en Fátima entre mayo y octubre de 1917, para pedir sus oraciones. La ahora Sierva de Dios respondió con la promesa de orar, observando que en el tiempo presente el ataque más feroz de Satanás contra el hombre se dirigiría hacia el matrimonio y la familia. El difunto cardenal Caffarra, cuya amistad me bendijo enormemente, relataba con frecuencia el contenido de la carta que recibió de la Hermana Lucía. Aunque había recibido la carta unos 40 años antes, observaba cómo la verdad que anunciaba sigue cada vez más vigente en nuestro tiempo.

Satanás, quien Nuestro Señor mismo nos enseñó que es "homicida desde el principio" y "el padre de la mentira",[1] ha encontrado de hecho su acto de odio más insidioso y eficaz hacia el hombre al convencerlo de que se rebele contra el buen orden del matrimonio y la vida familiar, tal como fue establecido por Dios Padre en la Creación, y como fue restaurado y fortalecido con

---

[1] Jn 8, 44.

la Gracia Divina por la Encarnación Redentora de Dios Hijo. Rebelándose contra Dios, el hombre de hoy niega su propia naturaleza como varón y mujer, y la misión irremplazable del amor del varón y la mujer en el matrimonio como cuna de la nueva vida humana a través de la procreación, a través de la cooperación con Dios, el único Autor de la Vida. La rebelión se vuelve cada vez más escandalosa cuando, por ejemplo, a los niños pequeños se les enseña que pueden decidir su identidad sexual, en lugar de recibirla como un regalo de Dios, y son sometidos al peor tipo de abuso al tratar de cambiar la identidad que Dios, en Su amor incesante e inconmensurable, les dio en su concepción.

En una situación así, la única respuesta posible es volver a Dios, a Dios el Hijo Encarnado que nos enseña la verdad sobre la vida humana y su cuna en el amor de un hombre y una mujer en matrimonio. Él eligió nacer en la familia de la Virgen María y de su Verdadero y Virgen esposo San José, y crecer como su Hijo[2] en el hogar que formaron por su matrimonio. Realizó su primer milagro en favor de los recién casados en Caná.[3] Con gran valentía, dejó claro que su Encarnación Redentora restaura el orden original que Dios dio al matrimonio en la Creación.[4] En resumen, nos invita a nosotros a dar nuestros corazones a Su glorioso y traspasado Corazón, y vierte en los nuestros la vida y el amor divinos sin cesar y sin medida, haciéndonos capaces de comprender nuestra verdadera naturaleza y vivir de acuerdo con ella,

---

[2] Cf. Lc 2, 52.
[3] Cf. Jn 2, 1-12.
[4] Cf. Mt 19, 3-12.

encontrando la alegría y la paz que deseamos de forma tan profunda.

San Juan Pablo II, como joven sacerdote y obispo, entendió que aunque el ataque del demonio hoy se dirige al matrimonio y la familia, de la misma manera, la senda para la victoria sobre las mentiras y la muerte que sembró de manera amplia, es precisamente mediante la protección y promoción del matrimonio y la familia, según el plan de Dios, según la enseñanza de Cristo en Su Santa Iglesia.

Como sacerdote y obispo, como instrumento vivo de la caridad pastoral de Cristo, se dirigió primero y principalmente a las parejas y a las familias que se formaron a través de la gracia del Santo Matrimonio. Durante sus años como obispo, asistió a matrimonios, y eventualmente desarrolló lo que se conoce como *La Regla* para Grupos de Matrimonios, después de la publicación de la Carta Encíclica del Papa San Pablo VI, *Humanae Vitae*.

Durante los primeros cuatro años de su pontificado, dedicó sus Audiencias de los Miércoles, una de las principales vías de enseñanza del Santo Padre, al matrimonio y a la familia. La primera sesión del Sínodo de Obispos, durante su pontificado, fue dedicada a la familia. Su Exhortación Apostólica Póst-Sinodal, *Familiaris Consortio*, puso a disposición de todos los fieles y de todas las personas de buena voluntad el fruto de ese encuentro Apostólico. Sus escritos sobre el matrimonio y la familia, sobre todo, *Familiaris Consortio*, merece nuestro estudio renovado y más profundo mientras continuamos protegiendo y promoviendo la vida humana y el amor.

Theresa y Peter Martin, basándose en sus extensos estudios de teología y en la gracia de su matrimonio en Cristo, han asumido la misión de llevar *La Regla* del Papa San Juan Pablo II al público de habla inglesa. Es más, su misión incluye la fundación de una organización sin fines de lucro que proporciona apoyo, recursos y herramientas prácticas a los cónyuges que desean vivir *La Regla*. Con la publicación del presente volumen, *La Regla* y otros dos textos importantes del santo Pontífice se ponen por primera vez a disposición del mundo angloparlante.[5]

El libro hace que *La Regla* y otros textos sean accesibles al mayor número posible de lectores. Con este propósito, se divide en dos partes. La primera parte es más simple y directa, presentando *La Regla*, proporcionando antecedentes históricos y situando *La Regla* dentro del contexto de la cultura contemporánea. La segunda es más teológica, utilizando los otros dos documentos para exponer el significado de los diversos puntos establecidos en *La Regla*. Si bien la segunda parte es más profunda en su presentación, Theresa y Peter Martin ofrecen muchos ejemplos personales de su propia vida como esposo y esposa, padre y madre, y de las vidas de otras parejas casadas. Al hacerlo, ilustran la conexión vital de la teología sólida con la vida cristiana cotidiana.

En esencia, *La Regla* ayuda a las parejas a vivir la verdad establecida en la auténticamente profética

---

[5] Y es una profunda alegría poder presentar esta traducción, extendiendo así la oportunidad de acceder a estos textos recientemente redescubiertos de San Juan Pablo II al mundo de habla hispana.

Carta Encíclica del Papa San Pablo VI, *Humanae Vitae*. Está dirigida a construir la vida espiritual de la pareja, que tiene como forma el amor conyugal, es decir, ayuda a la pareja a desarrollar su relación con la Familia Divina de la Santísima Trinidad, que es el modelo de su relación conyugal en la familia. En resumen, les ayuda a responder de manera cada vez más fiel y generosa a la gracia del Sacramento del Santo Matrimonio. *Humanae Vitae* presenta con valentía la verdad ante la cultura contemporánea. La verdad es que Dios, y no el hombre, como sostiene la cultura contemporánea, es el autor de la vida y la sexualidad humana. Siguiendo *La Regla*, una pareja crece en el don del amor conyugal recibido el día de su boda y se convierte en una fuente de gracia para los que los rodean y para la sociedad en general. Todas las parejas que estudian y siguen *La Regla*, sin importar la etapa del desarrollo de su amor por el otro, crecerán cada vez más perfectamente a imagen del amor puro y desinteresado de la Santísima Trinidad.

La Comunidad e Instituto Wojtyła (WCI) es la organización sin fines de lucro que Theresa y Peter Martin han fundado para cumplir de manera más perfecta su misión de difundir el conocimiento y la práctica de *La Regla* del Papa San Juan Pablo II. La Declaración de Misión del WCI dice: "Confiados en *La Regla* de San Juan Pablo II, somos una familia de familias, esforzándonos por alcanzar la santidad, fortaleciendo los matrimonios y viviendo la verdad de *Humanae Vitae* ¡CON ALEGRÍA!"

El WCI (Wojtylaci.com) está preparado para para facilitar la formación de Grupos de Matrimonios mediante los cuales las parejas se apoyan y fortalecen mutuamente en el amor conyugal, de acuerdo con la sabiduría divinamente inspirada de San Pablo: "Sobrellevad los unos las cargas de los otros, y cumplid así la ley de Cristo".[6] El WCI tiene libros de trabajo y otros recursos para los Grupos de Matrimonios, ya que busca conocer *La Regla* y aplicarla a la vida cotidiana. Estos recursos se convierten en los medios para desarrollar una espiritualidad conyugal más profunda.

Como el Papa San Juan Pablo II comprendió tan bien, vivir el amor conyugal en una cultura totalmente secularizada requiere heroísmo en aquellos que están llamados a practicar el amor conyugal. Reconociendo el desafío de vivir el amor conyugal en nuestro tiempo, el santo Pontífice romano entendió el servicio insustituible de la comunidad y, en particular, de la comunidad de matrimonios.

Como sacerdote y obispo, reunió a los matrimonios en comunidad, en una "familia de familias". *La Regla* proporciona la guía para la formación de muchas de estas comunidades de parejas, para ayudar a cada una a vivir de acuerdo con el plan de Dios para ellas, tal como se les transmite en la inmutable enseñanza moral de la Iglesia. A través de la oración, el compromiso y la comunidad, los seis puntos de *La Regla* ayudan a los matrimonios a mantenerse fuertes en la fe y su fruto: la alegría, mientras enfrentan las luchas y sufrimientos inherentes a tomar diariamente la cruz con Cristo, siguiéndolo a Él cada día en el camino del amor puro y desinteresado.[7] Les ayudan a acudir con frecuencia

---

[6] Gal 6, 2.
[7] Cf. Mt 16, 24; Mc 8, 34; y Lc 9, 23.

a la fuente del amor divino, que les hace capaces de un amor heroico del uno por el otro, sin importar cuán débiles hayan sido o pudieran llegar a ser.

La familia formada por el matrimonio es la primera célula de la vida de la sociedad y de la Iglesia. En la Iglesia a la familia se le llama la *Ecclesia Domestica*, la Iglesia en el hogar. Como el Papa San Juan Pablo II nos recordaba con frecuencia, la fuerza de la sociedad y de la Iglesia depende de la fortaleza de la familia. La publicación de *La Regla* de San Juan Pablo II y la fundación de la Comunidad e Instituto Wojtyła ofrecen una gran esperanza para familias más fuertes y saludables y, por lo tanto, para la fortaleza y la salud de la vida en la sociedad y en la Iglesia.

Es mi esperanza que la publicación de *La Regla* y el servicio del WCI inspiren y fortalezcan a los matrimonios, para vivir de manera más fiel y profunda el misterio del amor conyugal tal como Dios lo ha querido desde el principio, y por el cual Cristo nunca deja de derramar desde Su glorioso y traspasado Corazón, la gracia del amor puro y desinteresado en los corazones de los esposos. Las parejas cuyos corazones descansan en el Sagrado Corazón de Jesús, sin duda, serán una fuente de luz en un mundo que se ha vuelto tan oscuro, una fuente de alegría y paz en un mundo marcado por tanta desesperanza y violencia.

La gran belleza de *La Regla* del Papa San Juan Pablo II para los matrimonios, es el conocimiento de la gracia que han recibido a través del Sacramento del Matrimonio Santo. Tal conocimiento, tan bien fundamentado en la verdad, inspira a las parejas a vivir diariamente y de manera heroica el misterio del amor conyugal como una bendición para ellos y para todo el mundo. ¡Que cada uno de los que hemos llegado a conocer *La Regla* difundamos con fidelidad y valentía su mensaje a todos aquellos con quienes nos encontremos!

De parte de todos los que leerán y estudiarán el presente volumen, ofrezco mi más sincero agradecimiento a Theresa y Peter Martin por la publicación de *La Regla* en inglés y por el trabajo del WCI en ayudar a las parejas a seguirla. Que Dios bendiga a cada uno de ellos y a sus familias.

¡Que Dios le bendiga a usted y a su hogar! Por la intercesión del Papa San Juan Pablo II, que sea testigo cada vez más heroico del misterio del amor conyugal, y que el Matrimonio Santo sea cada vez más conocido, protegido y promovido en la Iglesia y en el mundo.

Raymond Leo Cardenal Burke

7 de octubre de 2022 – Fiesta de Nuestra Señora del Santo Rosario.

Introducción

Este libro ha sido un trabajo de amor. Comenzó con la investigación para una disertación y luego evolucionó en una vocación. Los textos traducidos que se encuentran en este libro provienen de una colección recién redescubierta de documentos de San Juan Pablo II de su tiempo en Polonia, cuando era sacerdote y luego el obispo Karol Wojtyła. El texto principal: "La Regla para Grupos de Matrimonios *Humanae Vitae* (premisas)"[8] del cardenal Wojtyła es una sencilla regla de seis puntos que él redactó después de la proclamación de *Humanae Vitae* y como un modo para que los matrimonios vivieran esta enseñanza con "plena comprensión y pleno amor".[9] Los otros dos textos, escritos alrededor del mismo período, ayudan a iluminar el significado de La Regla.

Queremos que este texto sea accesible para todos los lectores; incluso si nunca has tomado un libro de teología, *esto está escrito para ti*. Lo que San Juan Pablo II nos ha dado en La Regla es lo que necesitamos en los tiempos turbulentos que vivimos. Es un camino a seguir para que las parejas hagan más que simplemente perseverar en su fe, sino que realmente vivan con amor divino ¡y para que experimenten una

---

[8] K. WOJTYŁA, "La Regla para Grupos de Matrimonios *Humanae Vitae* (premisas)", en AWDR M 23. (AWDR – una abreviatura oficial de los Archivos de la Oficina de la Curia Metropolitana de Cracovia para el cuidado familiar y pastoral – *Archiwum Wydziału Duszpasterstwa Rodzin Kurii Metropolitalnej w Krakowie*). Traducido por A. Pata, 2020.

[9] *La Regla*, punto 4.

alegría duradera! Hemos dividido el libro en dos partes:

PARTE UNO: LA REGLA QUE CONDUCE A LA ALEGRÍA habla sobre el amor y la alegría que buscamos, cómo La Regla nos ayuda a llegar allí y la necesidad de esto en nuestra sociedad. *PARTE DOS: PROFUNDIZANDO* permite a los lectores adentrarse en lo que San Juan Pablo II quiso comunicar a través de las diferentes facetas de La Regla, para que puedan comprender mejor su visión para los Grupos de Matrimonios. Esta segunda parte puede leerse de manera secuencial o usarse como una guía de referencia.

Los escritos de San Juan Pablo II tienen mucha riqueza y profundidad, y no queríamos que te perdieras toda esa sabiduría; sin embargo, sabemos que a veces lo único que se necesitan son datos rápidos y concretos. Por esa razón hicimos la *PARTE UNO*: para ofrecer un acceso fácil y completo a La Regla con la clave para cruzar el umbral de la alegría perenne.

Para crear y apoyar los Grupos de Matrimonios de acuerdo con La Regla de San Juan Pablo II, se estableció la Comunidad e Instituto Wojtyła en el quincuagésimo segundo aniversario de la promulgación de *Humanae Vitae*, el 25 de julio de 2020. Hablaremos más sobre esto en capítulos posteriores, pero también puedes ir a wojtylaci.com para obtener más información. ¡Nos encantará saber de ti!

Nos reconocemos como humildes siervos al servicio de Dios, sabiendo que no fue nuestro mérito, sino Su gran amor lo que nos dio la oportunidad de compartir este regalo tan valioso contigo. *Todo para Su gloria,*
En los corazones de Jesús y María, Theresa y Peter Martin

LA REGLA QUE CONDUCE A LA ALEGRÍA

Nota: *Este libro ha sido traducido al español a partir de la versión en inglés, la cual a su vez fue traducida del polaco original. Por esta razón, algunas citas pueden no corresponder con la numeración de páginas de las ediciones originales en español.*

1

EN BUSCA DE LA ALEGRÍA DURADERA

"Toma este anillo, como un signo de mi amor y de mi fidelidad. En el nombre del Padre, y del Hijo y del Espíritu Santo ..."

Este es un libro sobre el amor; mejor dicho, se trata del amor que no conoce fin, el amor que anhelan nuestros corazones. El amor que consume, que reverbera, que intensifica — es un amor que cuesta todo — y, sin embargo, ofrece todo. Es un amor que nos transforma de criaturas rotas y caídas, a los hijos de Dios que estábamos destinados a ser. Se trata de el Amor. El Único que creó todo, que es todo, y que trae todo de vuelta a Sí mismo. Es el llamado del Espíritu y la pasión del Esposo envolviéndonos y llevándonos al corazón del Padre en eterna gloria. Es un Amor que nunca falla. Un Amor que consuela, que acaricia, que endulza cada tristeza. Jesucristo es el Amor que añoramos en lo más profundo de nuestras almas; el Amor que anhelamos en el corazón de cada deseo que experimentamos. Es un Amor que penetra nuestras realidades, nuestra desesperación, nuestro desorden, nuestro estrés diario, nuestras angustias, nuestras faltas, nuestros errores, y, sí, nuestros pecados. Y este Amor, Él no lo oculta. No nos suprime, sino que renueva todas las cosas. El Amor no borra nuestra individualidad; ¡el Amor la perfecciona! El Amor entra en cada fibra de nuestro ser y nos rehace para que nazcamos de nuevo en Su vida divina. Caminamos sobre la tierra, pero vivimos en el Cielo, y encontramos una alegría grande y duradera. El Amor puede cambiarlo todo, pero solo si estamos abiertos a Su gracia.

Cuando los esposos se colocan los anillos de boda, uno en el dedo del otro, y prometen ante Dios ser fieles y honestos, están invitando al amor de Dios a su matrimonio. Están abriendo sus corazones a la gracia del sacramento del matrimonio. En ese momento de compromiso, se forma un nuevo vínculo, no solo entre el esposo y la esposa, sino también con Dios. Esta valiosa relación entre Dios y los cónyuges juntos es su espiritualidad conyugal.[10] Los recién casados están atrapados en un torbellino de bendiciones y emociones; en este momento extraordinario en el que el Amor divino se une a dos personas imperfectas, sus corazones están abiertos... y el Amor entra, y hay gozo.

Entonces, ¿qué sucede? ¿Cómo es que a menudo perdemos nuestra alegría? A pesar de que cada matrimonio comienza con una alegre esperanza, en algún lugar, de alguna manera, puede apagarse. La

---

[10] Veremos más adelante cómo San Juan Pablo II explica la espiritualidad conyugal, esta relación única de la unión de los esposos con Dios.

música de la boda se desvanece, la luna de miel termina y las demandas de la vida comienzan a distraer nuevamente a los esposos. Esta nueva y extraordinaria vida matrimonial pronto se absorbe en la ordinaria rutina de las actividades diarias. La ocupación, el estrés y el ritmo del mundo que los rodea comienzan a abrumarlos. La ola del secularismo dentro de la cultura los presiona. Aun cuando luchan por vivir sus vidas con fidelidad, se requiere todo su esfuerzo para mantener su posición y no ser empujados a comprometer sus valores. Y después de la monotonía de las tareas diarias, el esfuerzo diario, la búsqueda y la lucha del día a día, parece que la alegría verdadera y duradera es como el horizonte. No =de tu alcance.

Nuestro mundo moderno es acelerado y frenético, pero otras culturas a lo largo de los siglos tuvieron sus propios desafíos. Sin embargo, los santos encontraron alegría. ¿Qué nos falta? ¿Alguna vez has leído la vida de los santos y has pensado: *desearía que mi fe me diera ese tipo de alegría*? La alegría que llevó a otros a apodar a San Felipe Neri "el santo que ríe", incluso mientras soportaba calumnias desde fuera y dentro de la Iglesia. La alegría que le dio a Santa Teresa de Ávila una amistad tan íntima con Dios que pudo bromear con Él en voz alta después de caer de su carruaje en el barro: "¡Si así tratas a tus amigos, no me extraña que tengas tan pocos!" La alegría que le dio a San Lorenzo la audacia para decir, mientras lo quemaban vivo: "¡Denme la vuelta! ¡Ya terminé de cocinarme de este lado!"[11] La alegría que les dio ánimo a los corazones de los primeros cristianos, para que pudieran caminar hacia su muerte en la arena de bestias hambrientas cantando alabanzas a Dios.

Sin embargo, ¿con qué frecuencia nos quejamos cuando nuestro Wi-Fi es lento? Esto no es una acusación tanto como una confesión. A menudo nos volvemos ansiosos por muchas cosas: situaciones como cuál será la siguiente crisis mundial o qué será de nuestro futuro. Quizás durante estos tiempos olvidamos quién creó el mundo en primer lugar. ¿Quién puso la tierra en su órbita? ¿Quién colocó las estrellas en su lugar? ¿Quién envió a su Hijo único para la salvación de todos nosotros? Aun cuando buscamos nuestra fe, asistimos a los sacramentos, abrimos nuestros corazones a Dios, algo acerca de esta cultura es tan agotador, tan extenuante. Practicar nuestra fe puede parecer una carga y un desafío, lo que puede dejarnos sintiéndonos perdidos, solos y aislados.

Puede ser que nos sintamos exhaustos porque estamos resistiendo una ola de secularismo en nuestra cultura, así como una ideología cada vez más anticristiana. Por mucho que nos esforcemos por la santidad, a veces parece que lo único que podemos hacer es mantener nuestra posición y rezar para no retroceder. A medida que el mundo continúa ridiculizándonos, aislándonos y tentándonos con una supuesta forma "más fácil", es comprensible que

---

[11] Por cierto, ¿sabías que es el santo patrón de los comediantes y los chefs?

algunas parejas puedan encontrar la batalla desalentadora

Hemos visto los resultados de este desánimo, y los resultados en sí mismos pueden generar más consternación. Muchas parejas dejan de practicar la fe o eligen ignorar ciertas enseñanzas porque consideran que son "demasiado difíciles" o afirman que son "ilógicas" o "arcaicas". Otras parejas siguen adelante en la fe con una fuerza de voluntad apretando los puños. Ninguna de las dos formas produce una alegría duradera en sus vidas. *¿Qué nos falta? Debe haber otra manera.*

La Regla de San Juan Pablo II

San Juan Pablo II fue un hombre de amor. Originario de Polonia, fue Papa desde 1978 hasta 2005. En su primera encíclica enfatizó la necesidad de amor del hombre: su necesidad de encontrar al que es Amor: "El hombre no puede vivir sin amor. Permanece como un ser incomprensible para sí mismo, su vida no tiene sentido si el amor no se le revela, si no encuentra el amor, si no lo experimenta y lo hace suyo, si no participa íntimamente en él".[12] Él vio el amor entre esposos como un reflejo y una extensión del amor divino. Mientras que otros de su época consideraban el matrimonio como un orden inferior de la vida, viéndolo como lo que se hacía cuando no se tenía una vocación religiosa, San Juan Pablo II vio algo más. Vio en el matrimonio una verdadera vocación, un

---

[12] San Juan Pablo II. *Redemptor Hominis*, 1979, n. 10.

auténtico llamamiento de Dios. Vio el don que las parejas podían ofrecer: ser un testigo vivo del amor de Dios ante el mundo. Cuando las personas pueden ver el amor de Dios, tienen esperanza. Un mundo sin amor divino es desesperante y sombrío. Los esposos tienen un gran potencial de santidad precisamente porque se encuentran unidos en el amor. Al vivir su matrimonio conectados a Dios, los matrimonios pueden reflejar al mundo el amor de Dios que da vida.

San Juan Pablo II fue testigo de una cultura que cambiaba de manera similar a la nuestra; vio un sentimiento cada vez más anticristiano levantándose a su alrededor. Observó cómo los jóvenes comenzaban a ser influenciados y desanimados por la cultura. Sabía que necesitábamos otro camino. Aprovechó la oportunidad para ofrecer una forma de ayudar a los esposos a superar las dificultades y a entrar más profundamente en el amor divino, para que pudieran vivir con una alegría duradera

Cuando San Juan Pablo II era sacerdote en Polonia, dijo que en una cultura cada vez más anticristiana, vivir un matrimonio auténticamente cristiano "más que nunca, exige un esfuerzo mayor para alcanzar y preservar en la perfección moral".[13] Si la cultura no está de nuestro lado, entonces tendremos que trabajar más arduamente para vivir un matrimonio auténticamente cristiano. Nuestro compromiso de buscar la santidad debe ser aún más fuerte que el de

---

[13] *Reflexiones sobre el Matrimonio, Sección 3. Economía y Personalismo*

los matrimonios de generaciones pasadas. No es de extrañar que nos sintamos exhaustos.

Él dijo que ser cristianos en una cultura secular requiere cierto "heroísmo". Necesitamos vivir con *virtud heroica*. Esto no es fácil. Debemos saberlo. Necesitamos estar comprometidos. Vivir un matrimonio verdaderamente cristiano hoy exige gran valentía. Pero con Dios, todo es posible (Mt 19:26). Se puede lograr, pero debemos preguntarnos cómo. ¿Cómo encuentran los esposos la motivación moral para vivir de manera heroica y enfrentar el asalto del secularismo? ¿Cómo encontramos la fuerza para perseverar? ¿Cómo vamos más allá de una fe de puño apretado y encontramos una alegría duradera? San Juan Pablo II nos da la respuesta en La Regla.

San Juan Pablo II escribió *La Regla para Grupos de Matrimonios* cuando era el cardenal Wojtyła.[14] Lo hizo después de que se promulgara la encíclica *Humanae Vitae* de San Pablo VI que fue escrita para abordar el tema particular del uso de anticonceptivos en el matrimonio. Cuando San Pablo VI declaró que "cada acto marital debe permanecer abierto a la transmisión de la vida", simplemente estaba afirmando una

---

[14] K. WOJTYŁA, "Reguła dla grupy małżeństw *Humanae Vitae* (założenia)", in AWDR M 23. (AWDR – una abreviatura oficial de los Archivos de la Oficina de la Curia Metropolitana de Cracovia para el cuidado familiar y pastoral – *Archiwum Wydziału Duszpasterstwa Rodzin Kurii Metropolitalnej w Krakowie*). Traducido por A. Pata, 2020.

enseñanza que estaba bien establecida dentro de la
Iglesia desde el siglo primero.[15]

Aunque *Humanae Vitae* fue escrito para abordar
esta preocupación específica, San Juan Pablo II vio en
él el aspecto central del amor conyugal. Dijo que
Humanae Vitae nos da las condiciones que protegerán
la entrega personal, el amor auténtico y preservarán la
esencia del amor conyugal de ser falsificada.[16] En otras
palabras, la verdad sobre el amor conyugal que se
revela en *Humanae Vitae* es la clave para vivir un amor
verdadero, un amor que reside en el corazón del Padre
y un amor que produce alegría duradera.

La Regla es un medio para que las parejas casadas
lleven a cabo o *hagan realidad* en sus matrimonios la
enseñanza   de   *Humanae   Vitae*.   Al   hacerlo,
desbloquearán   una   alegría   duradera.   Las   parejas
necesitan entender no solo por qué esta enseñanza es
verdadera, sino también cómo aplicar esta verdad de
manera alegre en sus vidas. La dificultad era (y sigue
siendo)   que,   con   una   cultura   tan   ardientemente
opuesta a una enseñanza como *Humanae Vitae*, había
que aclarar y explicar el "por qué" de la misma. Con
cada nueva generación expuesta cada vez más a los
errores   de   la   sociedad   moderna,   esto   sigue   siendo

---

[15] Para más información sobre *Humanae Vitae*, ver Parte 2:
Profundizando, capítulo 5 y en el apéndice hay una lista de citas
históricas que confirman esta afirmación.
[16] Stephen Milne, *Love and Fruitfulness: Marriage and family in the
teaching of the Church (El Matrimonio y la Familia en la Enseñanza de
la Iglesia)*. (Maryvale Institute: Birmingham, 2014), 65.

necesario. Desafortunadamente, el "por qué" a menudo ha oscurecido el "cómo".

Este parece ser un elemento faltante: ¿Cómo puede una pareja pasar de entender la verdad a vivir la verdad en sus vidas con alegría? Una vez que entendemos por qué *Humanae Vitae* contiene la verdad del amor conyugal, vemos la importancia y el desafío de aprender cómo vivirla.

La buena noticia es que La Regla nos ofrece este "cómo". El corazón de La Regla enfatiza el vivir de acuerdo con las normas de la moral cristiana y cultivar una espiritualidad profunda y unificadora en nuestros matrimonios. A medida que comenzamos a desglosar esto, es importante recordar que la vida cristiana no es simplemente una aceptación intelectual o el seguimiento de una lista de reglas.[17] Es una conversión continua de nuestros corazones hacia Cristo, con la ayuda de la gracia.

Conversión Continua en el Amor

Cuando la gente descubre por primera vez que San Juan Pablo II escribió una regla de seis puntos para los

---

[17] Servais Pinckaers, O.P., *The Sources of Christian Ethics (Las Fuentes de la Ética Cristiana)*, (Catholic University of America Press: Washington, D.C., 1995) 115-125. El padre Servais Pinckaers, O.P., es un reconocido eticista que estudió bajo las mismas influencias teológicas dominicanas en el *Angelicum* de Roma que el entonces padre Wojtyła.

matrimonios, seguramente se imaginan algo así como una fórmula sencilla. Estamos acostumbrados en nuestra época a que se nos prometa el camino fácil: cinco consejos para aumentar la masa muscular, por ejemplo, o formas de volverse más inteligente en diez minutos al día siguiendo un plan específico. Este no es el camino de nuestro Señor. ¿Recuerdas al joven rico? Él es el ejemplo perfecto de nuestra debilidad humana de querer lo fácil: "¿Qué debo hacer...?" Probablemente se sintió muy emocionado cuando Cristo reafirmó lo que ya había estado haciendo: seguir los Diez Mandamientos, ayunar, dar el diezmo, y así sucesivamente. Sin embargo, todos sabemos que el hombre se alejó triste. ¿Por qué? Porque Dios no quiere nuestras acciones; ¡Él quiere nuestra vida entera! Sabe que no seremos realmente felices hasta que respondamos al Amor que anhela nuestro corazón. ¡No experimentaremos la verdadera alegría hasta que nos hayamos entregado al Amor! San Juan Pablo II también lo sabía, y por eso escribió: "Él sigue siendo un ser incomprensible".[18]

Todos hemos escuchado que los caminos de Dios no son nuestros caminos (Is 55:8-9). La forma en que Él nos guía hacia Sí mismo a menudo puede parecernos desconcertante. Deseamos la santidad; ese es, de hecho, nuestro objetivo, pero la búsqueda de la santidad debe verse diferente a la lucha por alcanzar metas en otras áreas de nuestras vidas. ¿Alguna vez has tenido un objetivo que alcanzar en el trabajo, en los estudios o en la salud? Lo perseguimos; lo enfrentamos con determinación; trabajamos duro. Realizamos todas

---

[18] *Redemptor Hominis*, n. 10.

las tareas que necesitamos hacer. Damos todo el esfuerzo y esperamos, al final, tener éxito. Cuando abordamos nuestra vida espiritual, a menudo caemos en esa misma forma de operar. ¿He dicho mis oraciones? Listo. ¿He asistido a la Misa? Listo. ¿He ido a confesión, enseñado a mis hijos sobre Dios, rezado el Rosario, estudiado el Catecismo y hecho preguntas sobre lo que no entendía? Listo, listo, listo y... aquello otro... tal vez listo. Si hicimos todas las cosas correctas, estamos bien y Dios ahora nos ama, ¿verdad? No necesariamente.

Todas estas acciones son buenas y santas, y el buscar vivir una vida santa es digno de reconocimiento (y necesario también). Sin embargo, date cuenta de que no hay nada que puedas *hacer* para lograr que Dios te ame. ¡Dios te ama ahora mismo, con una abundancia infinita! Incluso si nunca hicieras alguna de esas cosas, Él aun así te ama. No solamente te está tolerando hasta que pongas tu vida en orden. Te ama con un amor apasionado y vibrante incluso cuando pecas. Su amor es incondicional. Te ama por quien es Él, no por lo que has hecho tú. No necesitas ser perfecto antes de acercarte a Dios; Dios quiere encontrarse contigo justo donde estás. Quiere ser quien sane tus heridas, seque tus lágrimas y te libere del pecado. Quiere entrar en ese desorden diario y llenarlo con Su amor divino y misericordioso.

Esto está prácticamente invertido respecto a la forma en que normalmente logramos alcanzar nuestras metas. Nuestro objetivo más grande —la vida con Dios—está al alcance de la mano. La meta está justo frente a ti. Y Él te ayudará en tu camino espiritual, empapando cada una de esas acciones santas con más de Su gracia. En vez de que comience como una lista de tareas que completar para luego alcanzar el objetivo, nuestra Meta ya está aquí con nosotros. Debemos caminar en el sendero de Su amor y realizar las acciones que nos ayuden a abrir nuestros corazones cada vez más a Su gracia y a Su amor misericordioso.

Tu santidad no se encuentra únicamente en las acciones; más bien, se halla en la manera en que permites que Dios te encuentre en esas acciones y en la forma en que permites que cada momento de gracia toque tu corazón. Continuamos haciendo lo que es correcto al mismo tiempo que nos damos cuenta de que ya tenemos una relación con un Dios amoroso.

El título del texto de San Juan Pablo II, La Regla, también puede evocar ideas similares de tareas que deben completarse o reglas que deben seguirse — o, *de lo contrario:* tres faltas y estás fuera. La buena noticia es que esto no podría estar más alejado de la realidad, especialmente en lo que respecta a La Regla. Es una guía, es cierto, y tiene puntos a seguir; sin embargo, todo se lleva a cabo con el fin de elevar y profundizar la espiritualidad conyugal de los esposos y su relación con Dios. La Regla señala el camino para abrirnos a nosotros mismos y a nuestros matrimonios, volviéndonos más receptivos al amor misericordioso de Dios. Nos guía suavemente en el amor, y nos encontramos acurrucados en el corazón del Padre.

La fe cristiana es un encuentro con una Persona: Jesucristo (Jn 14:6). Cristo "no es solo un maestro de moralidad... Él es la encarnación de lo que enseña y, por lo tanto, la fuente de la vida que estamos llamados a vivir".[19] Y cuando elegimos seguir las enseñanzas de Cristo, crecemos en unidad con Él.[20]

Vivir nuestra fe es más que aceptar y seguir un manual de reglas. Es permitir que *Aquel que es la Verdad* permee cada aspecto de nuestras vidas, para que podamos reflejar Su vida en nosotros cada vez más. Esta conversión continua de nuestras vidas hacia Cristo y Su camino debe penetrar más allá de acciones simples y resonar en nuestros corazones.

Sé Valiente

Dios está esperando a que le dejemos entrar en nuestros corazones de manera más profunda. Pero aún tenemos que combatir constantemente la sociedad atareada y caótica que nos rodea. Necesitamos ser honestos con nosotros mismos y reconocer que podemos estar más influenciados por la cultura de lo que percibimos. George Weigel, historiador y renombrado biógrafo de San Juan Pablo II, describe cómo esta cultura nos afecta. Él llama a esta actividad frenética del mundo el "totalitarismo de los estímulos", que nos aleja de quienes estamos destinados a ser y nos reduce a meras reacciones: a este o aquel confort. Este tipo de adicción a lo cómodo se

---

[19] John Saward, *Christ is the Answer (Cristo es la Respuesta)*, (Alba House: New York, 1995) 94
[20] Pinckaers, 115-125.

convierte en un dictador en nuestras vidas y nos impide llegar a ser la mejor versión de nosotros mismos, aquella que Dios nos creó para ser.[21] Por ejemplo, cuando nos encontramos quejándonos porque nuestro Wi-Fi es lento, eso puede ser una señal de que ponemos demasiado énfasis en el confort. No necesitamos atormentarnos por ello, pero ahora que podemos reconocerlo, podemos desapegarnos más fácilmente de cualquier cosa y no permitir que nos robe la alegría. Todos debemos reconocer valientemente qué tan influenciados estamos por el mundo que nos rodea. Cuando permitimos que Cristo nos libere de esa influencia, nos desapegamos de esas pequeñas comodidades y podemos convertirnos en quienes estamos destinados a ser.

Esto nos lleva de nuevo a lo emocionante de La Regla. San Juan Pablo II nos ofrece el regalo perfecto que responde a la pregunta de cómo podemos vivir con alegría las verdades de nuestra fe sobre el matrimonio, para que el amor divino de Dios pueda permear todo lo que hacemos. A través de La Regla (y dos textos complementarios), San Juan Pablo II guía a las parejas hacia un matrimonio lleno de alegría que solo se puede encontrar a través del amor divino.

---

[21] George Weigel, *Wojtyła's Walk Among Philosophers (El Paseo de Wojtyła entre Filósofos)*, disponible en
http://eppc.org/publications/Wojtyłas-walk-among-philosophers/.

2

EL GÉNESIS DE LA REGLA: *LA COMUNIDAD ŚRODOWISKO*

¿Sabías que San Juan Pablo II formó parte de una comunidad católica? Se llamaba *Środowisko* (se pronuncia: shrō-dō-vīskō, que se traduce más o menos como *entorno* o *ambiente*).[22] Esta no era una comunidad

---

[22] Para entender la comunidad y la experiencia de *Środowisko*, se harán referencia a tres fuentes principales. La primera es la biografía definitiva de San Juan Pablo II, *"Testigo de la Esperanza"*, que está llena de extensas explicaciones sobre todos los ángulos de las influencias políticas, sociales y religiosas a lo largo de la vida del padre Wojtyła. [George Weigel, *Witness to Hope: The Biography of John Paul II (Testigo de la Esperanza: La Biografía de Juan Pablo II)*, (HarperCollins Publishers: Nueva York, 1999).] Además, se estudió su episodio posterior, *The End and the Beginning (El Final y el Principio)*, una pieza esencial de la biografía total de San Juan Pablo II. [George Weigel, *The End and the Beginning: Pope John Paul II – The Victory of Freedom, the Last Years, the Legacy (El Final y el Principio: El Papa Juan Pablo II - La Victoria de la Libertad, los Últimos Años, el Legado)* (Doubleday: Nueva York, 2010).] La tercera es un texto italiano: *Bellezza e spiritualità dell'amore coniugale*, que se traduce como *La Belleza y la Espiritualidad del Amor Conyugal*. [Ludmiła Grygiel, Stanisław Grygiel y Przemysław Kwiatkowski, *Bellezza e spiritualità dell'amore coniugale: Con un inedito di Karol Wojtyła* (Cantagalli: Siena, 2009).] Dos de los tres autores fueron miembros del grupo

formalizada, sino un tejido diverso, o en palabras de
Weigel—el biógrafo de San Juan Pablo II—un "rico
tapiz" formado por una red de amigos que giraban en
torno a su fe.[23] La comunidad *Środowisko* comenzó
como un pequeño grupo que se formó mientras el
padre Wojtyła era pastor en la parroquia de San Florián
y capellán de estudiantes universitarios en Cracovia.

Cuando comenzó, este grupo estaba formado por
estudiantes universitarios, y primero se llamaron
Rodzinka (pronunciación: rōd-jīnkǎ), que significa
familia pequeña. Todo inició en la fiesta de la
Presentación del Niño Jesús, cuando los estudiantes se
reunieron con un "'joven sacerdote pobremente
vestido y piadoso' que resultó ser el encargado de la
capellanía de estudiantes de la parroquia".[24] El padre
Wojtyła animó a los estudiantes a formar un coro, les
enseñó canto gregoriano e invitó a todos a la Misa del
miércoles por la mañana. Esta Misa del miércoles por
la mañana se convirtió en un elemento fundamental
del grupo en crecimiento.

Si pensamos que el mundo es caótico ahora,
imaginémonos viviendo en la Polonia comunista.
Aquel era un tiempo difícil para los católicos. Los
líderes comunistas no permitían que los sacerdotes se
asociaran con los laicos fuera de la Iglesia y prohibían
la mayoría de las asociaciones católicas. Cada vez que
se reunían, tenían que ser creativos y valientes. La Misa

Środowisko y, por lo tanto, tienen una visión profunda de la
experiencia de forma directa, la cual comparten en el libro.
[23] Weigel, *The End and the Beginning (El Final y el Principio)*, 42.
[24] Weigel, *Witness to Hope (Testigo de la Esperanza)*, 98.

del miércoles por la mañana y las conferencias de
estudio de filosofía los jueves por la noche comenzaron
a construir una fuerte comunidad de estudiantes. A
pesar de los peligros, el carisma y el amor de su
sacerdote hacían que los estudiantes volvieran una y
otra vez. El grupo de estudiantes — alrededor de veinte
en ese momento — no era un grupo exclusivo y aislado.
Los estudiantes salían a la comunidad y realizaban
actos de misericordia, visitando y cuidando a los
enfermos y necesitados en su área.[25] El padre Wojtyła
estaba activo en la vida de los estudiantes. Como su
pastor, iba de excursión con ellos, ofrecía días de
reflexión y celebraba Misas en la festividad de sus
santos patronos. A menudo se reunían en las casas de
las personas e iban juntos a escalar montañas, esquiar,
practicar kayak y acampar.

El padre Wojtyła recibió el título de *"Wujek"* (**vū-
yĕk**, que significa *tío*) del grupo en 1952 porque no era
seguro llamarlo *Padre* en público. Era un ambiente que
daba vida a los estudiantes y un contraste drástico con
el vacío y la monotonía del régimen comunista. "Como
lo expresó otro miembro de *Środowisko*, 'Podíamos
vivir más libremente porque éramos libres por
dentro'".[26] A través de *Środowisko*, el padre Wojtyła
enseñó a los estudiantes a vivir según el camino de los
Evangelios.

Cuando el padre Wojtyła fue retirado formalmente
de su puesto pastoral en la parroquia para finalizar
otro doctorado, seguía siendo un pastor para su

---

[25] *Ibid.*
[26] *Ibid.*, 100.

comunidad de *Środowisko*. A medida que pasaba el tiempo, también progresaban sus vidas. Muchos estudiantes se casaron y el padre Wojtyła estuvo allí para guiarlos, ofreciendo a menudo días de oración y reflexión para cada pareja.[27] Para *Wujek*, el amor era "la verdad en el centro de la condición humana, y el amor siempre significaba entrega de uno mismo, no autoafirmación".[28] Como lo dice en una carta a una de las miembros, Teresa Heydel, en 1956:

> Todos... viven, sobre todo, por amor. La capacidad de amar de manera auténtica -y no una gran capacidad intelectual- constituye la parte más profunda de una personalidad. No es casualidad que el mandamiento más grande sea amar. El amor auténtico nos lleva fuera de nosotros mismos para afirmar a los demás: dedicándonos a la causa del hombre, a las personas y, sobre todo, a Dios.[29]

Cuando las parejas comenzaron a tener hijos, Wojtyła estaba allí para bautizar y celebrar con las familias. No solo celebraba el sacramento del bautismo; también iba a sus casas e invertía en sus vidas. "'Él siempre tenía tiempo', recordó Teresa Malecka. 'Entendía que bautizar significa llegar a casa, estar con la familia, bendecir al bebé que dormía en la cama. No teníamos que pedirle que hiciera esto; él

---

[27] *Ibid.*, 101.
[28] *Ibid.*
[29] *Ibid.*

quería hacerlo'".[30] Este era un sacerdote que vivía plenamente el amor de entrega que alentaba a los matrimonios a poner en práctica. Además, no evitaba las conversaciones sobre la sexualidad humana, enseñando "a sus jóvenes parejas que la expresión sexual de su amor dentro del vínculo del matrimonio era algo hermoso, algo sagrado, incluso una imagen de Dios".[31] El joven padre Wojtyła vivió su vocación sacerdotal en el amor de entrega mucho antes de escribir documentos papales sobre este concepto.

Communio Amicorum a *Communio Sanctorum*

Środowisko era una comunidad de personas que aprendían a vivir su fe juntas, incluso en medio de un régimen comunista. Una pareja casada que formaba parte de este grupo, Ludmiła y Stanisław Grygiel, relataban que el padre Wojtyła lideraba el cuidado pastoral de los jóvenes con una amistad fuerte e intensa. Les enseñaba, mientras que al mismo tiempo aprendía junto a ellos "a *ser la Iglesia*, a recibir y a entregarse".[32] Este don de sí mismos no era meramente una teoría; era visible en todo lo que hacían. El padre Wojtyła vivió su amor por los demás a través del don de sí mismo en los desafíos diarios de la vida. Por eso, su vida y la de los laicos que lo seguían fueron

---

[30] *Ibid.*
[31] *Ibid.*
[32] Grygiel, 70.

dirigidos hacia la santidad y el amor de Dios.[33] Aprendieron cómo ser la Iglesia y "(en) la Iglesia, la *communio amicorum* (comunidad o *comunión* de amigos) ayuda a las personas a realizar su vocación a la santidad, y de esto surge la *communio sanctorum* (la comunión de los santos)".[34]

Los miembros de su *Środowisko* seguirían siendo sus amigos incluso después de que se convirtiera en Papa. En la Misa de su funeral, se podían ver "varias docenas de miembros del *Środowisko* de Karol Wojtyła". Ellos "habían llegado en avión desde Cracovia el día anterior, pasando la noche en parques y aún en sus atuendos para acampar (lo cual parecía totalmente apropiado)". [35]

Fue por y para las parejas casadas de esta vibrante comunidad que el cardenal Wojtyła escribió La Regla. La Regla sería el camino que ayudaría a las parejas a pasar de una *communio amicorum* a una *communio sanctorum*, razón por la cual La Regla fue escrita no solo para parejas individuales, sino también para Grupos de Matrimonios. ¡Solo a través de la fuerza y el apoyo de una comunidad cristiana los cónyuges pueden superar las dificultades, vivir vidas heroicamente virtuosas y encontrar una alegría duradera! Cuando cuentas con el apoyo de amigos, puedes lograr cosas que de otro modo no sientes que tienes la fuerza para conseguir.

---

[33] *Ibid.*
[34] Grygiel, 65
[35] Weigel, *The End and the Beginning (El Final y el Principio)*, 392.

Al seguir La Regla escrita por San Juan Pablo II, los cónyuges tendrán un camino que los guiará hacia la santidad. A medida que apoyen a otras parejas (y sean apoyados por una comunidad intencional y fiel), encontrarán su amor purificado en el amor divino y cruzarán el umbral hacia la alegría duradera en su matrimonio, convirtiéndose en el cambio cultural que han anhelado.

3

LA IMPORTANCIA DE *HUMANAE VITAE*

Anteriormente mencionamos que La Regla fue creada justo después de la promulgación de la encíclica de San Pablo VI, *Humanae Vitae*. San Juan Pablo II la escribió para ayudar a los matrimonios a comprender y a vivir la verdad de *Humanae Vitae*, que es el núcleo de toda enseñanza sobre el matrimonio. Este documento profético enfatiza el hecho de que Dios, y no el hombre, es el autor del amor, la vida y la sexualidad humana. En un artículo que escribió San Juan Pablo II por la misma época, afirmó que *Humanae Vitae* nos da las condiciones que protegerán la entrega personal, el amor auténtico y preservarán la esencia del amor conyugal de ser falsificada.[36]

Si buscamos seguir La Regla que nuestro Santo Padre nos dejó y esperamos encontrar el amor divino y la alegría a través de ella, debemos examinar más a fondo *Humanae Vitae*. Para el cardenal Wojtyła, La Regla no solo ayudaba a las parejas al proporcionarles un conjunto de normas a seguir. Él veía La Regla como

---

[36] Milne, 65.

un apoyo para que su *espiritualidad conyugal* creciera y transformara sus vidas. El propósito de esta guía es construir nuestra espiritualidad conyugal para llevar a cabo (o hacer realidad) en nuestros matrimonios las enseñanzas de la Iglesia Católica sobre el matrimonio, especialmente *Humanae Vitae*. La espiritualidad conyugal es una realidad espiritual que penetra en todo lo que son el esposo y la esposa. Es "la relación viva con la Trinidad y con el cónyuge, en la renovación de la entrega total de Cristo por la Iglesia".[37] La verdad del amor conyugal explicada en *Humanae Vitae* es el núcleo para entender la relación de los cónyuges unida a la Santísima Trinidad (la espiritualidad conyugal). Si, como dice San Juan Pablo II, *Humanae Vitae* nos proporciona las condiciones que salvaguardarán el amor auténtico y la entrega de uno mismo de ser falsa,[38] entonces, si deseamos hacer crecer nuestra espiritualidad conyugal, solo podremos hacerlo si es "un amor verdadera e integralmente honesto".[39]

A través de *Humanae Vitae*, San Pablo VI nos recuerda que todo debe ser visto a la luz del destino final del hombre y que el amor debe ser humano, total, fiel y fructífero.[40] También afirma que cada acto "debe permanecer abierto a la transmisión de la vida".[41] Siguiendo lo establecido por el Concilio Vaticano II, que afirmó que los criterios para discernir juicios sobre la transmisión de la vida deben ser objetivos, Pablo VI

---

[37] Grygiel, 21, "attualizzazione della consegna totale di Cristo per la Chiesa".

[38] Milne, 65.

[39] *Ibid.*, 16.

[40] *HV*, 9.

[41] *Ibid.*, 11.

proclama que "no es lícito, ni siquiera por las razones más graves, hacer el mal para que de él pueda surgir un bien".[42] En el rechazo de la anticoncepción, promueve las prácticas de planificación familiar natural (PFN) que cooperan con el ciclo natural de la fertilidad de la mujer y construyen el dominio de sí mismo.

San Juan Pablo II explica aún más esta "totalidad" del amor conyugal. Cada uno de nosotros, como persona humana, tiene una cierta calidad, ya que una persona es aquella que está en relación.[43] Esto es un reflejo de la personalidad de la naturaleza trinitaria de Dios. Cada Persona de la Trinidad se comprende en relación con las otras. Decimos "Dios Padre", pero ¿qué es un Padre sino aquel que tiene un Hijo? ¿Cómo entendemos "Dios Hijo" sino como uno que tiene un Padre? Cada Persona Divina se entiende por este carácter de estar "en relación". Así, nosotros, como personas humanas, creadas a imagen y semejanza de Dios, estamos hechos para estar en relación con los demás.

Siempre que alguien se entrega a sí mismo como un don a otro, cumple con su propia condición de persona y se convierte más claramente en la imagen y semejanza de Dios. En el matrimonio, este don total de uno mismo al otro debe incluir su fertilidad. Separar lo unitivo y lo procreativo, explicó San Juan Pablo II, es

---

[42] *Ibid.*, 14.

[43] Cardinal Karol Wojtyła, "The Anthropological Vision of *Humanae Vitae*", (La Visión Antropológica de *Humanae Vitae*) January 16 (L'Osservatore Romano: Rome, 1969), 3.

dividir la unidad de una persona, lo cual es contrario a la visión cristiana. Esta división es cartesiana y refuerza la idea de que solo la mente es importante (y el cuerpo no), además de ser utilitarista, lo que dice que el cuerpo puede ser utilizado, pero en realidad no tiene valor. San Pablo VI vio con gran claridad cómo la anticoncepción degradaría a la persona humana al disminuir su valor. Haría que el hombre/mujer se convirtiera más en una mercancía que puede ser comprada y vendida por placer, y menos en la persona de gran dignidad para la que fue creada.

San Juan Pablo II brindó una afirmación hermosa y tangible de *Humanae Vitae* dentro de su diócesis con la redacción de La Regla, pero esto ocurrió en un momento en que el clima político era extremadamente volátil. ¿Sabías que hubo una intensa reacción adversa a *Humanae Vitae*? Lo que vamos a describir es la cultura de 1968. Desde entonces, nuestro mundo se ha vuelto cada vez más secularizado y anticristiano.

Las protestas contra el gobierno estaban en aumento, y la revolución sexual alcanzaba su apogeo, creando una cultura secularista en pleno desarrollo, incluso antes de que se proclamara *Humanae Vitae*. Para darnos una idea de cómo era este ambiente, George Weigel, en su biografía de Juan Pablo II, *Witness to Hope*, escribió: "el tiempo de la llegada de *Humanae Vitae* no pudo haber sido peor; 1968, un año de entusiasmos revolucionarios, no era el momento para una reflexión calmada y mesurada sobre nada. Era muy poco probable que cualquier reiteración de la posición católica clásica sobre la castidad marital, por muy persuasiva que fuera su argumentación, pudiera haberse tomado en cuenta en tales circunstancias".[44] Lo que hizo que la tarea del Papa Pablo VI fuera aún más desafiante, fueron los documentos filtrados de la comisión que él había establecido.

De esta comisión surgieron dos opiniones. El llamado "Informe de la Mayoría" rechazó los argumentos de la ley natural que se habían utilizado en el pasado, específicamente aquellos presentes en el documento papal *Casti Connubii*, y empleó en su lugar un argumento de "totalidad" para apoyar el uso de la anticoncepción.[45] Este argumento de totalidad sostiene

---

[44] Weigel, *Witness to Hope (Testigo de la Esperanza)*, 210.

[45] "Con la apertura del Segundo Concilio Vaticano, el Papa Juan XXIII convocó una pequeña comisión para que lo asesorara sobre estas cuestiones (de la píldora anticonceptiva). Tras la muerte de Juan XXII, el Papa Pablo VI amplió considerablemente lo que se conoció como la Comisión para el Estudio de los Problemas de la Población, la Familia y la Tasa de Natalidad, hasta que eventualmente creció a aproximadamente 60 miembros, incluidos tres matrimonios... Karol Wojtyła fue miembro de esta comisión, pero no pudo asistir a las reuniones... Documentos privados de la comisión fueron filtrados a la prensa, individuos abandonaron su apoyo vitalicio a la enseñanza de la Iglesia sobre la contracepción y, en general, la existencia y el impulso de la comisión llevaron a muchos a creer que Pablo VI encontraría algún tipo de contracepción compatible con la visión católica del matrimonio... La mayoría de la comisión había votado a favor de un cambio en la enseñanza de la Iglesia... Escribieron dos informes conocidos como el Informe de la Mayoría y la Refutación de la Mayoría... El Informe de la Minoría, por otro lado, enfatizó la constancia de la enseñanza de la Iglesia sobre la contracepción y argumentó que un cambio sería desastroso para la autoridad de la Iglesia". Janet Smith, *Why Humanae Vitae was Right: a Reader (Por Qué Humanae Vitae Estaba en lo Correcto: Un Lector)*, (Ignatius Press: San Francisco, 1993), 503-506. Para una comprensión más profunda del Informe de la Mayoría, véase

que "no es necesario que cada acto marital permanezca abierto a la procreación, siempre y cuando la 'totalidad' o la intención general de la pareja a lo largo de su matrimonio, se mantenga orientada hacia la procreación".[46] (*Si aplicas esta idea de totalidad a otras promesas del matrimonio, puedes ver su error; por ejemplo, al considerar la fidelidad, bajo este argumento de totalidad, se permitiría el adulterio, ya que no todos los actos sexuales tienen que ser fieles en el matrimonio, siempre y cuando la "totalidad" o la intención general de la pareja a lo largo de su matrimonio sea la fidelidad*). San Pablo VI rechazó los argumentos del Informe de la Mayoría, pero no antes de que su circulación creara una falsa expectativa de que el Papa proclamaría la aprobación de la contracepción. Este fue el complicado escenario que enfrentó San Pablo VI.

Tan pronto como *Humanae Vitae* fue publicada, la crítica y las malas interpretaciones de este documento inundaron el ámbito académico. Uno de los más destacados episodios fue el del padre Charles Curran, entonces profesor en la Universidad Católica de América, quien llevó a cabo una conferencia de prensa dentro de las 24 horas siguientes a la promulgación de la encíclica y anunció a los fieles que tenía una lista de más de 80 teólogos que estaban en desacuerdo con este

---

también: The Majority Report: *"The Question is Not Closed"* (El Informe de la Mayoría: *"La Cuestión No Está Cerrada"*) en *The Birth Control Debate (El Debate del Control Natal)*, ed. Robert Hoyt (The National Catholic Reporter: Kansas City, MO, 1968).

[46] Smith, *Why Humanae Vitae was Right: a Reader (Por Qué Humanae Vitae Estaba en lo Correcto: Un Lector)*, 505-506

documento y que las personas no tenían que obedecerlo, sino que debían confiar en su propia conciencia. Su documento se llamó "La Declaración de los Teólogos" y fue firmado por más de 600 teólogos.[47]

A pesar de que hubo algunos intentos de recuperar el control sobre los disidentes, especialmente en relación con los sacerdotes que se negaron a enseñar *Humanae Vitae*, la jerarquía católica estadounidense permaneció mayoritariamente en silencio. La Dra. Janet Smith relata que algunos que estaban en el seminario en la década de 1970, recuerdan haber recibido la instrucción de no leer *Humanae Vitae*, sino, en su lugar, leer la declaración del padre Curran.[48] La Congregación para la Doctrina de la Fe intentó contrarrestar las crecientes malas interpretaciones que surgieron de una lectura incorrecta de los documentos del Concilio Vaticano II; pero con el número de oponentes en aumento, fue un tiempo desafiante para la Iglesia.

Cincuenta y tantos años después, vivimos en una cultura que es más hostil que nunca a las enseñanzas de *Humanae Vitae*. Esperamos que esta breve historia afirme lo necesaria que es La Regla, ya que el corazón de la enseñanza de la verdad sobre el matrimonio y la

---

[47] Smith, *Why Humanae Vitae was Right: a Reader (Por Qué Humanae Vitae Estaba en lo Correcto: Un Lector)*, 507-501. *También Cf.*, Daniel Callahan, *The Catholic Case of Contracpetion (El Argumento Católico a Favor de la Contracepción)*, (The Macmillian Company: Nueva York, 1969), 67.

[48] Janet Smith, *Humanae Vitae 50 Years Later: History of Dissent and Defense (Humanae Vitae 50 Años Después: Historia de Oposición y Defensa)* (Instituto Agustino: Greenwood Village, CO, 2018).

familia se encuentra precisamente en *Humanae Vitae*. Y recordemos lo que San Juan Pablo II dijo: vivir la verdad del matrimonio en nuestro tiempo exige un nivel de moralidad aún más alto.[49] Debemos ser valientes. Y necesitamos el apoyo de otras parejas para mantenernos firmes a pesar de la cultura negativa que nos rodea. No debemos retroceder ante esta enseñanza, por el contrario, debemos levantarnos con mayor fervor para defenderla y, lo más importante, para vivirla.

---

[49] *Ibid.* Énfasis añadido.

4

UNA MIRADA MÁS CERCANA A LA REGLA

Tal vez te estés preguntando como lo hicimos nosotros alguna vez: "¿En serio? ¿San Juan Pablo II escribió La Regla para Grupos de Matrimonios? ¿Cómo es posible que nunca haya escuchado nada al respecto?" La razón principal por la que no has oído hablar de esto es porque nunca se ha publicado en inglés (o en español) hasta ahora. Cuando San Juan Pablo II la escribió por primera vez, La Regla no tuvo éxito en Polonia. Más tarde fue guardada y solo se volvió a conocer durante la investigación para su causa de canonización. Fue publicada en italiano en 2009 y recibió algo de atención, pero nuevamente, cayó en el olvido.

Dado el amor que el pueblo polaco tiene por San Juan Pablo II, puede parecer sorprendente que La Regla nunca "despegara" en Polonia. Sin embargo, como relató un hombre, el pueblo polaco prefería conservar su comunidad informal con *Wujek* en un nivel más personal en lugar de formalizarla en un movimiento oficial. Este hombre recordó:

En ese momento, *Wujek* propuso el modelo de un movimiento familiar francés *(La Regla)*. Sin embargo, esa idea no tuvo éxito. ¿Por qué no nos interesaba un movimiento de formación? ¿Quizás pensábamos que el mismo contacto con *Wujek* 'arreglaría' todo?[50]

Ellos no sintieron la necesidad de algo formal porque tenían a este hombre santo justo allí en sus vidas. Como explica el padre Kwiatkowski, uno de los autores de la publicación italiana (y quien sacó a la luz estos textos redescubiertos), "la concisión y brevedad del texto, así como la historia algo compleja de la misma iniciativa, han hecho que sea prácticamente desconocido".[51] Y así ha permanecido... hasta ahora.

La Regla tiene seis puntos simples que a su vez contienen nueve elementos a los que se comprometen los grupos: Comunidad, 'Lo Real y lo Ideal', *Humanae Vitae*, Unidad Matrimonial, Moralidad Cristiana, Espiritualidad Conyugal, Estudio del Matrimonio, Apostolado y Oración. A través de La Regla, las parejas pueden encontrar una fuerza extraordinaria en su amor conyugal y ser elevadas más allá de la lucha hacia la alegría, incluso mientras llevan sus pequeñas cruces personales.

---

[50] Przemyslaw Kwiatkowski, *Lo Sposo Passa Per Questa Strada: La spiritualità coniugale nel pensiero di Karol Wojtyła. Le origini,* (Cantagalli: Siena, 2011), 116.
[51] Grygiel, 16

Primer Punto: COMUNIDAD. LO REAL Y LO IDEAL. *HUMANAE VITAE*

La creación de La Regla en sí misma es una confirmación de la necesidad de comunidad. Las parejas no están destinadas a orar solas; La Regla es para formar *Grupos* de Matrimonios. Nos necesitamos mutuamente para poder mantenernos firmes frente a la avalancha de la cultura secular. Cuando nos apoyamos mutuamente, no estamos solos y el camino se vuelve un poco más fácil. Juntos en Cristo, encontramos nuestra fuerza.

El primer punto explica que La Regla proviene de experiencias reales de matrimonios en el ministerio pastoral del padre Wojtyła. Esto enfatiza que no podemos separar la teología (el *Ideal*) de nuestra experiencia (lo *Real*). Debemos tener ambas partes en mente en todo momento. Más adelante, en uno de los textos complementarios, veremos que él dice que siempre debemos recordar esta *"visión integral de la persona"*. Debemos ver a cada persona en dos momentos: *quién es* y *quién está llamado a ser*. A veces pensamos que no podemos participar en algo porque no somos lo suficientemente buenos; batallamos demasiado. Pero la lucha es una señal de santidad, no de debilidad. Debemos detenernos y reconocer los verdaderos desafíos que otros están experimentando (lo *Real*). Todos tenemos fragmentos rotos en nuestras vidas, pero "nosotros no somos la suma de nuestras debilidades y fracasos; somos la suma del amor del Padre hacia nosotros y nuestra verdadera capacidad de

convertirnos en la imagen de su Hijo".[52] Mientras
empatizamos, escuchamos y cuidamos a los esposos en
su realidad, no los dejamos ahí. Nos llamamos
amorosamente unos a otros a la santidad (el *Ideal*).
Cuando buscamos la unión con Cristo, esa búsqueda
de la santidad aligera las cruces que cargamos.

Este primer punto también nos indica que la
enseñanza de *Humanae Vitae* es fundamental y, de
hecho, la razón por la que se escribió La Regla. Ésta fue
inspirada por *Humanae Vitae* y ayuda a las parejas a
llevar lo *Ideal* a lo *Real* de la vida matrimonial cotidiana.
San Juan Pablo II afirma que *"Humanae Vitae ...*
propone nuevas prácticas auténticamente cristianas—
por lo tanto, evangélicas—para los cónyuges y sus
pastores".[53] Incluso recomienda que a estos grupos se
les dé el nombre de *'Humanae Vitae'*.

Segundo Punto: UNIDAD MATRIMONIAL.

El segundo punto explica que la *Unidad entre
marido y mujer* es vital para su vida de alegría. Él llega
a afirmar que un cónyuge no puede participar sin el
otro en un grupo. Ambos cónyuges deben estar
comprometidos con el grupo y con su crecimiento en
la santidad. (Más adelante veremos cómo este

---

[52] JUAN PABLO II Visita apostólica a Toronto, a la Ciudad de
Guatemala y a la Ciudad de México - 17ª Jornada Mundial de la
Juventud - Misa Solemne - HOMILÍA DEL SANTO PADRE
JUAN PABLO II - Toronto, Downsview Park, domingo 28 de
julio de 2002.
[53] *La Regla*, punto 1

compromiso dual es crucial para construir la espiritualidad conyugal, la cual se menciona en el cuarto punto).

Tercer Punto: MORALIDAD CRISTIANA.

El tercer punto explica que las parejas están llamadas a vivir de acuerdo con los *Mandamientos y las normas de la moral cristiana*. Este no es un llamado extraordinario, sino que, como hemos mencionado anteriormente, incluso vivir un matrimonio cristiano normal en una cultura progresivamente anticristiana requiere un mayor compromiso de fe. (Por eso la comunidad es tan importante). También nos anima a vivir el *espíritu* de los consejos evangélicos (pobreza, castidad y obediencia). San Juan Pablo II no es un microgestor. No especifica exactamente cómo se verá esto en un matrimonio particular, sino que cada pareja en el grupo debe reflexionar sobre cómo se puede poner en práctica el espíritu de estos consejos en sus propios matrimonios y en su vida familiar.

Cuarto Punto: ESPIRITUALIDAD CONYUGAL. ESTUDIANDO EL MATRIMONIO.

El cuarto punto de La Regla explica el propósito principal de estos grupos: que cada pareja cultive la actitud espiritual mencionada anteriormente, para que

las enseñanzas de Jesucristo sobre el matrimonio, y que
la Iglesia ha profundizado, "puedan cumplirse en su
vida matrimonial con plena comprensión y pleno
amor".[54] Es aquí donde San Juan Pablo II señala la
necesidad de *aprender constantemente sobre la verdad del
matrimonio*.

Él también aborda la espiritualidad conyugal
cuando dice que, para que esta verdad del matrimonio
se haga realidad o se concrete en un matrimonio
particular, la pareja debe formar una "espiritualidad
apropiada — o una vida interior".[55] Puede resultar un
poco extraño que diga que una pareja casada deba
compartir una sola vida interior, pero recuerden que
este es el *Ideal*. Esta "espiritualidad adecuada" es lo que
permite a los esposos moldear su matrimonio y su vida
familiar de una manera verdaderamente cristiana. Se
anima a cada pareja a seguir esforzándose por la
santidad, y a medida que lo hagan, debido a su
matrimonio sacramental, formarán una vida interior
conjunta. Es una profunda unidad espiritual.

Lo que resulta tan interesante es que esto no
implica una sobreespiritualización de la vida
matrimonial. Esta espiritualidad conyugal es tan real
en el reclinatorio de la iglesia como lo es al doblar la
ropa, cuidar de los niños o pagar las cuentas. Lo que
aprendemos sobre el *Ideal* del matrimonio debe
integrarse en lo *Real* de la vida, permitiendo que el
amor de Cristo penetre en todos los aspectos de
nuestra vida matrimonial (sin importar cuán

---

[54] *Ibid.*, punto 4
[55] *Ibid.*

mundanos puedan parecer). La explicación de la espiritualidad conyugal, a menudo encontrada en otros textos, y la manera en que puede generar esta profunda unidad espiritual, es simplemente espectacular.[56]

Quinto Punto: APOSTOLADO. ORACIÓN.

El quinto punto de La Regla llama a las parejas casadas a extender su amor hacia el exterior. El Grupo de Matrimonios debe tener un apostolado, aunque esto no está predeterminado, sino que debe ser decidido por el grupo. Esto permite a cada grupo desarrollar su propio carisma — lo que es más importante para ellos en conjunto. Algunos grupos pueden sentir el llamado a servir en la pastoral juvenil de su parroquia, mientras que otros pueden optar por dedicar su apostolado a asistir a un ministerio provida o a ayudar a los pobres. Es importante que el grupo sirva de esta manera en conjunto, fortaleciendo así la comunidad entre ellos. En los textos complementarios, San Juan Pablo II explica cómo estas comunidades serán como una especie de "seminario para el matrimonio", un noviciado para que los jóvenes vean cómo es el matrimonio cristiano. Este énfasis también puede señalar que el apostolado de cada grupo incorpore el apoyo al matrimonio de alguna manera.

Además del apostolado, el grupo está llamado a la *oración*. La Regla establece que el grupo debe orar específicamente por:

---

[56] Puedes leer más sobre la espiritualidad conyugal en la parte 2.

† Las otras parejas en su grupo,

† Los Matrimonios en general,

† Para que la verdad sobre el matrimonio y la familia sea comprendida en la Iglesia y en el mundo.

El método de oración que utilice el grupo queda a discreción del mismo.

Sexto Punto: Compromiso.

El sexto punto de La Regla enfatiza el *compromiso* que cada pareja debe tener hacia su grupo. Para que una comunidad sea verdaderamente una familia de familias, es necesario que los matrimonios puedan depender unos de otros para recibir apoyo. San Juan Pablo II afirma que cada grupo debe decidir cómo logrará estos seis objetivos a través de un compromiso o promesa escrita. Esto no se trata de simplemente agregar un compromiso o programa más a nuestras vidas, o de un nuevo estudio bíblico (aunque seguramente ambos serían beneficiosos). Se trata de un estilo de vida; es una comunidad de parejas casadas que se apoyan espiritualmente entre sí para que, juntas, puedan alcanzar el nivel más alto de "perfección moral"[57] que es necesario para vivir un matrimonio cristiano auténtico en una cultura cada vez más anticristiana.[58]

---

[57] *Reflexiones Sobre el Matrimonio, 3. Economía y Personalismo*
[58] Puedes leer más sobre todos estos temas en la *Parte Dos: Profundizando.*

5

LA REGLA PARA GRUPOS DE MATRIMONIOS *HUMANAE VITAE* (LAS PREMISAS)[59] – POR EL CARDENAL KAROL WOJTYŁA

1. La siguiente Regla surge a partir de experiencias pastorales de trabajo con matrimonios, así como de las vivencias de esas mismas parejas. Se elabora en el momento de la publicación de la encíclica *Humanae Vitae*, que propone nuevas prácticas auténticamente cristianas—y, por lo tanto, evangélicas—para los cónyuges y sus pastores. El grupo de parejas casadas que adopte esta Regla podría llamarse "Humanae Vitae".

2. La Regla se aplica únicamente a la pareja y no al cónyuge de manera individual. Debe ser aceptada y

---

[59] K. WOJTYŁA, "Reguła dla grupy małżeństw *Humanae Vitae* (założenia)", in AWDR M 23. (AWDR – abreviatura oficial de los Archivos de la Oficina de la Curia Metropolitana de Cracovia para el cuidado pastoral y familiar – *Archiwum Wydziału Duszpasterstwa Rodzin Kurii Metropolitalnej w Krakowie*). Traducido por A. Pata, 2020.

llevada a cabo por ambos miembros de la relación conyugal, no por el esposo o la esposa de forma aislada, sino con la participación y el compromiso de su pareja.

3. La Regla espera que los cónyuges vivan de acuerdo con los principios de la moral cristiana basados en el orden de los mandamientos; no les obliga a seguir las estrictas normas de los consejos evangélicos. La implementación de los consejos evangélicos de pobreza, castidad y obediencia en su sentido estricto solo es exigida a aquellos que tienen una vocación religiosa. Sin embargo, la experiencia de la vida conyugal indica que vivir de acuerdo con los principios morales declarados por la Iglesia no es posible sin cierto ascetismo; por lo tanto, las parejas casadas en el grupo "Humanae Vitae" deben reflexionar sobre cómo aplicar el espíritu de los consejos evangélicos en sus vidas.

4. El objetivo específico del grupo "Humanae Vitae" es el compromiso constante de alcanzar una actitud espiritual en la que las enseñanzas integrales de Jesucristo sobre el matrimonio y la familia, proclamadas por la Iglesia, puedan ser llevadas a cabo en su vida conyugal, con entendimiento pleno y amor pleno. Se trata de fomentar una espiritualidad adecuada—o una vida interior—que permita configurar la vida conyugal y familiar de manera cristiana. Esta espiritualidad no existe en una forma definitiva como las que se encuentran en los diferentes conventos; en cambio, debe ser constantemente replanteada. Este reexamen de la espiritualidad también es una tarea importante para el grupo de

matrimonios. El medio para lograrlo es poner en práctica esa actitud espiritual descrita anteriormente en la relación entre los cónyuges.

5. El segundo objetivo del grupo es el apostolado. No especificamos aquí qué forma debe tomar. Sin embargo, los matrimonios del grupo deben asumir el papel de un cierto apostolado y, sobre todo, la obligación de orar por las otras parejas casadas y por el concepto de matrimonio y familia en la Iglesia contemporánea y en el mundo. Al igual que las diferentes formas de apostolado, las formas de estas oraciones deben desarrollarse progresivamente.

6. Es decisión de los matrimonios, determinar si asumirán el voto especial para comprometerse con las tareas mencionadas, y cuándo hacerlo.

6

LA REGLA EN ACCIÓN

Cuando nosotros mismos encontramos La Regla en la traducción italiana, nos sorprendió que existiera algo así, ¡y más aún que fuese prácticamente desconocida! Habiendo ayudado a tantas parejas comprometidas y casadas, hemos sido testigos de primera mano, de la lucha que enfrentan al intentar vivir su fe. De hecho, nosotros mismos hemos experimentado esta batalla. Estábamos en la búsqueda de algo que ayudara a las parejas a dejar de aferrarse a su fe con los puños apretados -como tratando de soportar una carga muy pesada- y realmente encontrar una alegría duradera.

Tal como mencionamos anteriormente, entender por qué una enseñanza es verdadera, y saber cómo vivir esa enseñanza con alegría en nuestras vidas, son dos aspectos diferentes. Podemos asistir a una charla sobre el matrimonio, o tal vez aprender la *Teología del Cuerpo*, o participar en un retiro matrimonial, y nuestros corazones se elevan. Escuchamos la verdad y nos llenamos de paz. Luego, regresamos a casa y, en cuestión de minutos, la vida nos devuelve a la realidad: doblamos la ropa, limpiamos la plastilina de las ranuras de la mesa y limpiamos el barro de nuestras botas; y todo se siente muy distante del hermoso *Ideal* que acabamos de escuchar. Durante años, hemos tratado de encontrar una manera de ayudar a los esposos a llevar más fácilmente el Ideal a lo Real de sus caóticas vidas cotidianas. Cuando vimos La Regla, ¡nuestros corazones se llenaron de alegría! Pensamos: "¡Por fin! ¡Esto es! ¡Esta es la clave!"

La Regla de San Juan Pablo II es el regalo que dejó para nuestra generación — *¡simplemente esperando ser desenvuelto!*

La Regla no es nada extremo, pero ayuda a las parejas a centrarse en los elementos que más importan en su camino hacia la santidad. Todo en La Regla está orientado a profundizar la relación de los esposos con Dios, acercándolos al corazón del Padre y empapando su amor en el amor divino. A menudo, los esposos subestiman el potencial que les ha dado Dios porque ni siquiera saben que lo tienen ¿Puedes imaginar el manantial de renovación que experimentaría la Iglesia si incontables parejas pudieran cruzar ese umbral hacia la alegría duradera y compartir esa alegría y testimonio del amor divino con sus hijos y las personas que les rodean?

Es posible que estés pensando en todo lo que has vivido hasta ahora en tu camino espiritual — las alegrías, las tristezas y las heridas — y te preguntarás si realmente es posible alcanzar la santidad. Recuerda que Dios te ve. Él ve todos tus grandes esfuerzos, tus fallas, tus frustraciones y tu deseo de amarlo sin importar las circunstancias. *Él te ve.* ¡Te ama con una intensidad que jamás podrías imaginar! Está contigo en este momento. No estás solo.

A veces puede parecer que estamos solos, ¿cierto? Por cada paso que damos en la fe, otra embestida puede venir en contra. Las noticias de la noche pueden ser estresantes, el trabajo puede sentirse abrumador, y los amigos que pensabas que creían en las enseñanzas de Cristo, comienzan a ir en contra de ellas. Sin embargo, San Juan Pablo II nos dice: "¡Les suplico! Nunca, jamás pierdan la esperanza, nunca duden, nunca se cansen y nunca se desanimen. No tengáis miedo".[60]

Entonces, ¿cómo hacemos esto? ¿Cómo vivimos con virtud heroica, sin nunca perder la esperanza en nuestros tiempos? San Juan Pablo II afirma que es a través del apoyo de la comunidad. Como veremos en uno de los textos complementarios en la parte 2, él señala que cuando no hay una comunidad que respalde la cultura de la persona y fomente la espiritualidad conyugal, entonces debe crearse.[61]

Sentimos un impulso en nuestros corazones para responder a este llamado. Nos llena de alegría compartir contigo que -en honor a este venerado santo, y en reconocimiento a esta etapa de su vida dedicada a crear esta guía pastoral de La Regla- hemos fundado la Comunidad e Instituto Wojtyła, Inc. (WCI).

---

[60] San Juan Pablo II, Jornada Mundial de la Juventud, 1993

[61] Cf. *Reflexiones sobre el Matrimonio, 2. Educación Para el Matrimonio - la Cultura de la Persona.*

Comunidad e Instituto Wojtyła

El WCI fue fundado en el quincuagésimo segundo aniversario de *Humanae Vitae* en el año 2020. Esta es una comunidad católica proactiva y comprometida que tiene como objetivo poner en práctica La Regla de San Juan Pablo II. La declaración de nuestra misión (y grito de guerra) es: "Confiando en *La Regla* de San Juan Pablo II, somos una familia de familias, esforzándonos por la santidad, fortaleciendo a los matrimonios y viviendo la verdad de *Humanae Vitae* con alegría". Nuestro objetivo es poner en práctica con gozo, las enseñanzas de la Iglesia en la vida del matrimonio a través de la espiritualidad conyugal y la comunidad.

Pertenecer a los Grupos de Matrimonios del WCI siguiendo La Regla, ayuda a los cónyuges a hacer la transición de la simple aceptación de las enseñanzas de la Iglesia, a una profunda orientación de sus vidas hacia Cristo — y una cercanía al corazón del Padre dentro de su matrimonio, como nunca llegaron a pensar que fuera posible. El amor divino entra y lo cambia todo. Con la gracia de Dios, seguir La Regla ayuda a las parejas a ser más receptivas a Su amor, y el Amor se introduce en cada aspecto de su vida matrimonial. Así pueden vivir su vida cristiana con gran alegría. La Regla ayuda a las parejas buenas a convertirse en parejas extraordinarias por medio de la gracia de Dios.

¡Qué regalo nos ha dejado San Juan Pablo II!

Uno de los aspectos de La Regla que es tan importante para el WCI es *lo Real y lo Ideal*. Nos esforzamos por ver siempre a cada persona humana en esos dos momentos: "lo que es" y "lo que está llamada a ser". Entendemos las verdaderas luchas de la vida y reconocemos el costo emocional, físico y espiritual que estos desafíos tienen sobre una pareja. Las parejas pueden permitirse ser vulnerables y compartir con honestidad sus situaciones. Si no damos espacio para que se exponga la realidad — aunque pudiera sentirse un poco humillante (o requerir mucha humildad) — no podremos apoyarnos mutuamente en nuestro caminar. Solo al vernos en toda nuestra cruda realidad presente, Dios puede mostrarnos dónde necesitamos crecer.

Debemos reconocer humildemente que todos tenemos problemas; todos estamos heridos. San Juan Pablo II era conocido por su mirada amorosa hacia los demás. Su mirada hacía que las personas se sintieran como si fueran únicas en el mundo y que, sin importar lo que estuvieran viviendo, eran amadas. Oramos por esa misma capacidad de amar con atención — primero a nuestro cónyuge, y luego a los demás. San Juan Pablo II nos recuerda que no debemos dejar a los demás en ese estado. Debemos reconocer *lo real* pero también animarnos mutuamente hacia la perfección cristiana y la santidad: *el ideal*. No debemos temer a este intermedio caótico de la vida, al acompañar a las parejas en el camino hacia la santidad.

Hablamos más sobre el WCI al final del libro. Si deseas aprender más, por favor visítanos en **JP2Rule.com**.

¡No Tengáis Miedo!

Vivir un matrimonio cristiano fiel hoy en día, de hecho, requiere valentía. Sin embargo, el resultado de una alegría auténtica y duradera en nuestras vidas es un objetivo digno del sacrificio. Cuando una pareja puede, en su unidad, ser atraída hacia la "órbita de la gracia" con la Santísima Trinidad; envuelta en amor divino—un amor que renueva su amor conyugal; perfecciona su individualidad; penetra en cada fibra de su unión; y los transforma—renacidos en Su vida divina; caminan en la tierra, pero viven en el Cielo y encuentran una alegría grande y duradera. Cuando el amor divino ha besado un matrimonio, ninguna cruz será demasiado pesada. Los placeres del mundo moderno pierden su poder sobre las almas de los cónyuges, ya que son nada en comparación con el éxtasis de la unión con Dios.

Juan Pablo II afirmó: "el futuro del matrimonio ... depende de cada uno de nosotros".[62] Depende de todos nosotros fortalecer a los matrimonios para que puedan devolver la vida a nuestro mundo. Seguir La Regla es una forma de vivir que no resta, sino que ayuda a enriquecer y fortalecer la vida. El futuro del matrimonio está, en efecto, en manos no de unos pocos, sino de todos los fieles.

¡Debemos comprometernos con el desafiante equilibrio de encontrarnos con los demás en la realidad

---

[62] *Reflexiones sobre el Matrimonio, 2. Educación Para el Matrimonio – la Cultura de la Persona.*

de la vida y alentarlos a esforzarse hacia la perfección cristiana y hacia Aquél que es la verdad, ¡Jesucristo! Y en Cristo nuestro Señor, ¡encontraremos una alegría abundante!

¡El tiempo es ahora!

Una nueva aurora del catolicismo nos espera; marchemos hacia adelante y **no tengamos miedo.**

PADRE KAROL WOJTYŁA (SAN JUAN PABLO II) EN UN
VIAJE DE SENDERISMO CON AMIGOS.[63]

---

[63] Esta fotografía ha sido utilizada con la autorización del
Director de la Cátedra Karol Wojtyła; su reproducción sin el
permiso expreso del Director está prohibida.

4. Celem właściwym grupy małżeństw „Humanae vitae" jest stały wysiłek zmierzający do takiej postawy duchowej, aby prawda o Chrystusowa Pana o małżeństwie i rodzinie głoszona przez Kościół mogła być w ich małżeństwie z całym zrozumieniem i ... wprowadzona urzeczywistniana.

Choć więc o ... kształtowanie właściwej duchowości – czyli życia wewnętrznego – które pozwoli na to, ... aby życie małżeńskie i rodzinne było układane w po chrześcijańsku. Duchowość taka nie istnieje w formie gotowej tak jak duchowość ... ... różnych zakonów, ale musi być stale wypracowywana. Wypracowywanie takiej duchowości jest właśnie ważnym zadaniem grupy małżeństw. ... do wypracowania jest praktykowanie przez małżeństwa grupy owej postawy duchowej, o którą nam chodzi.

5. Drugim właściwym celem grupy jest apostolstwo. Jakie ono przybiera formy. Tutaj nie rozstrzygamy. W każdym razie małżeństwa grupy biorą na siebie obowiązek pewnego apostolstwa, a przede wszystkim obowiązek stałej modlitwy za inne małżeństwa oraz za cały wielki problem, jaki ... ... w Kościele i ... jest małżeństw. Zarówno kształtowanie form apostolstwa, jak i formuł modlitwy, o którą nam, jest zno... sprawa do stopniowego wypracowania.

6. Do rozstrzygnięcia samych zainteresowanych małżeństw pozostaje ... czy i w jakim czasie zechcą ... do nakreślonych tutaj zadań włączać specjalnym przyrzeczeniem.

––––––––––

PARTE DOS

PROFUNDIZANDO

7

INTRODUCCIÓN A LOS DOS TEXTOS COMPLEMENTARIOS

¡Has llegado a la parte 2! Nos alegra mucho que lo hayas logrado. Te espera una gran aventura. Ahora tienes una idea básica de cómo La Regla ayuda a preparar los corazones de los esposos para estar abiertos a la gracia del sacramento del matrimonio. El objetivo de San Juan Pablo II, al enfatizar la educación continua sobre el matrimonio, es que esta comprensión no se quede solo en tu cabeza, sino que penetre en tu corazón. Dios, la inefable Santa Trinidad, nuestro Padre, nuestro Esposo Mesías, Jesucristo, el poderoso y dulce Espíritu — Dios mismo — desea unirse contigo.

La Regla habla de una espiritualidad conyugal que une a los esposos de manera tan profunda a la Santísima Trinidad que comparten una sola vida interior. Este cambio fundamental en sus almas, que los atrae al corazón del Padre, es una gracia extraordinaria dada a personas ordinarias. Los beneficios de los Grupos de Matrimonios de San Juan Pablo II, se sienten en el apoyo mutuo que experimenta esta pequeña comunidad, que anima y fortalece a las parejas ayudándolas a superar la lucha contra la cultura dominante y las tentaciones en sus propios corazones, colocándolas en un camino más claro. Esto no es un truco de magia. No es algo automático como una máquina expendedora, donde introduces tus oraciones y reuniones de grupo y, de repente, surge un crecimiento asombroso al instante. Lleva tiempo entender La Regla. También toma tiempo permitir que lo que aprendes toque tu corazón, tu matrimonio, tu vida. Cada grupo debe encomendarse a nuestra Santa Madre, comprometerse a seguir La Regla y esforzarse por abrir sus corazones más a la gracia de Dios.

Hay tanto que decir sobre los beneficios de vivir La Regla que apenas se puede expresar con palabras; los movimientos del corazón pueden ser difíciles de explicar. Cuando abrimos más nuestros corazones a la gracia de Dios a través de lo que hemos aprendido y compartido, nos conmovemos y nos sentimos inmensamente amados. Sin embargo, incluso aquí, no lo entendemos completamente. Esta segunda mitad del libro está destinada a ayudarte a remover aún más las capas, a descubrir lo que todo esto significa y a entender cómo podría transformar tu matrimonio. Cuando un matrimonio ordinario despeja el camino para una gracia extraordinaria, el Amor irrumpe, aplastando lo que no es de Dios y abriendo un camino hacia la alegría eterna. A lo largo de este libro, hemos utilizado la palabra *alegría* a menudo, y quizás pierda su pleno significado. ¿A qué tipo de alegría nos estamos refiriendo? Nuestros corazones se abren a una alegría que no tiene ataduras, ni imperfecciones, ni está manchada por la tristeza. Una alegría que no oculta el sufrimiento, sino que lo exhibe como las heridas en las manos del Cristo Resucitado — ¡una alegría triunfante! Es una alegría que se siente como si tocaras el cielo y nunca quisieras irte. Una alegría que te hace olvidarte de ti mismo y solo desear vivir, cada vez más para Dios. Cuando el Amor irrumpe, todo cambia.

A medida que profundicemos en estos dos textos adicionales de San Juan Pablo II, podremos comprender mejor esta Regla y este camino hacia el corazón del Padre. Aprenderemos del profesor, pastor y Papa. Permitiremos que este conocimiento nos enseñe cómo dejar que el Amor irrumpa.

Los textos que hemos traducido para ustedes del polaco original al inglés también han sido publicados aquí en español por primera vez. La Regla para Grupos de Matrimonios es concisa, por lo que podemos utilizar estos dos textos contemporáneos de él, que también fueron escritos entre 1957 y 1969, para ayudarnos a comprender las ideas y los temas que La Regla presupone. Como recordarán, señalamos nueve temas dentro de La Regla: Comunidad, 'Lo Real y lo Ideal', *Humanae Vitae*, Unidad Matrimonial, Moralidad Cristiana, Espiritualidad Conyugal, Estudio del Matrimonio, Apostolado y Oración.

Hemos diseñado esta segunda parte para presentar estos textos y luego permitirte sumergirte en cada uno de los temas en la medida en que estés preparado. ¡Sé valiente! San Juan Pablo II tiene un gran intelecto, y los textos pueden ser densos. Sin embargo, su sabiduría, como siempre, es impresionante e invaluable.

También conocerás algunas de las parejas que ya están viviendo La Regla en los Grupos de Matrimonios. Esperamos que sus experiencias te ayuden a comprender aún más cómo seguir La Regla y las gracias que se obtienen de ella con el tiempo. A través de sus historias, buscamos que la teología se encuentre con las experiencias, como San Juan Pablo II consideraba tan importante.

Comenzaremos con un breve resumen, luego el texto de San Juan Pablo II, y después pasaremos un tiempo "desmenuzando" los textos. Muchas personas han descubierto que leer las explicaciones les ayuda a comprender las traducciones con mayor claridad. Cabe señalar que cuando trabajamos con el traductor, elegimos un estilo de traducción directa. Esto significa que la traducción al inglés es lo más cercana posible al polaco. Esto ayuda a preservar las palabras de San Juan Pablo II tal como nos han sido transmitidas, aunque ocasionalmente hace que el inglés (o el español) suene un poco, digamos… poco elegante. Sin embargo, estábamos dispuestos a aceptar esto con tal de mantener la mayor fidelidad posible a los escritos originales de San Juan Pablo II.

8

"REFLEXIONES SOBRE EL MATRIMONIO"[64]

Resumen

El primer texto complementario fue escrito por el padre Wojtyła en 1957, once años antes de la promulgación de *Humanae Vitae* y un año antes de su consagración episcopal. Este texto se redactó cuando él estaba involucrado con la comunidad de *Środowisko*.[65] En esta carta, toma la Solemnidad de la Natividad de Nuestro Señor (la Navidad) para reflexionar sobre la Encarnación y cómo este misterio profundiza nuestra comprensión del sacramento del matrimonio. Nuestra fe cristiana se basa en el misterio de la Encarnación, explica San Juan Pablo II, y el hecho de que Dios se haya "hecho carne" significa que cada parte de lo que es humano, "todas las cosas de la carne — todas las cosas que establecen la corporalidad humana y se completan visiblemente en el cuerpo humano, han

---

[64] K. WOJTYŁA, "Myśli o małżeństwie", in *Znak* 7 (1957) 595–604. Translated by A. Pata, 2020.

[65] Encuentra la historia de esta comunidad en la parte I, capítulo 3.

entrado en la órbita de este nuevo hecho", de Dios hecho hombre.[66]

Reflexiones sobre el Matrimonio –

por el padre Karol Wojtyła[67]

La Solemnidad de la Natividad de Nuestro Señor es una festividad que, para nosotros particularmente, tiene un carácter familiar. No es una casualidad, sino que tiene un buen fundamento y raíces más profundas de lo que la mayoría se imagina. Hablamos aquí de los creyentes, o al menos de aquellos que viven en el círculo de influencia del pensamiento cristiano. En Polonia, como sabemos, estos creyentes son muchos. Nos damos cuenta de esto cada año durante la Solemnidad de la Natividad. No tendría sentido asumir que, a medida que se acerca la noche de la Vigilia de Navidad, los desafíos religiosos desaparecen y la cosmovisión de todas las personas en Polonia se vuelve cristiana. Ciertamente, no es así. Sin embargo, no podemos negar que la Navidad es un momento que revela su dimensión particular, en la que las personas se encuentran con la verdad cristiana a pesar de sus creencias contradictorias o incluso de su negación en ese ámbito. En las reflexiones a continuación, intentaremos captar y profundizar nuestra comprensión de ello. Esta comprensión debe ser de naturaleza teológica. Su objeto no puede ser entendido

---

[66] *Reflexiones sobre el Matrimonio, 1. En los Fundamentos del Personalismo.*

[67] K. WOJTYŁA, "Myśli o małżeństwie", in *Znak* 7 (1957) 595-604. Traducido por A. Pata, 2020.

de otra manera. Incluso un ateo debe reconocer la competencia de un teólogo, aunque no esté de acuerdo con el *meritum* de sus reflexiones.

Es necesario captar esta dimensión especial del pensamiento común de tantas personas para crear una base sobre la cual analizar, al menos en parte, la cuestión fundamental de la vida humana. Este artículo hablará sobre el sacramento del matrimonio: intentará establecer un vínculo adecuado con la verdad de la Navidad (que explicaremos a continuación). El matrimonio, como una comunión fructífera y generadora de vida entre dos personas, como la base de la familia, es siempre, de alguna manera, un sacramento, es decir, algo marcado por Dios, el Creador y Dador de Vida. Un ateo no admitirá esta verdad en toda su plenitud, pero al considerar el matrimonio como una comunión entre personas que genera vida — lo cual es innegable — ya pensamos de manera similar y, en un cierto sentido pero de forma fundamental, encontramos un terreno común para discutir estos temas.

Las siguientes reflexiones son una elaboración teológica sobre algunas preguntas humanas fundamentales. Sin embargo, esta elaboración teológica no le quita su carácter humano; por el contrario, lo resalta. Debemos liberarnos de cualquier prejuicio. Esto nos permitirá ver los mismos asuntos en la dimensión que es revelada cada año durante la Navidad.

1. *En los Fundamentos del Personalismo*

El cristianismo crece sobre la base del misterio de la Encarnación. Dios Hijo, asumiendo una naturaleza humana, "se hizo carne" de la misma manera que cada ser humano es carne. Por lo tanto, todas las cosas de la carne—todas las cosas que establecen la corporalidad humana y se completan visiblemente en el cuerpo humano—entraron en la órbita de este nuevo hecho. En primer lugar, notemos que en este hecho su contenido humano ha sido confirmado de una manera nueva. En la conciencia de un creyente, el significado de esta confirmación es edificante y asombroso, pero también abrumador. Para explorar el contenido de esta confirmación—o de esta afirmación—distingamos entre los tres órdenes que emanan del misterio de la Encarnación: el orden de la persona, el orden de la gracia y el orden del sacramento.

a. *El Orden de la Persona*. Vale la pena recordar que el misterio de la Encarnación provocó numerosas controversias e indagaciones sobre la relación entre persona y naturaleza en los primeros siglos del cristianismo. Se trataba de cierta comprensión—accesible a la razón humana—de los misterios de Dios: en tres personas divinas y Dios Encarnado. Estas indagaciones llevaron a un tipo de estudio de la naturaleza de Dios que nunca más se ha visto en la historia de la Iglesia. Resultó en el desarrollo de un concepto fundamental de persona, que, en relación con la naturaleza, siempre representa un ser espiritualmente individualizado y libre. Esta dimensión espiritual de la razón y la libertad pertenece exclusivamente a la persona. La naturaleza puede ser racional (es decir, dotada de razón y libre albedrío) solo cuando existe en la persona como un sujeto específico de ser y actuar.

En ese momento, todas estas reflexiones y afirmaciones se referían a la realidad divina. Sin embargo, constituyeron una base para una comprensión más profunda del ser humano e introdujeron el *personalismo* en las ciencias humanas. El mero hecho de que el personalismo humano estuviera basado en los fundamentos del conocimiento acerca de Dios, basados en el misterio de la Encarnación, es de gran importancia. Esto aporta un matiz cristiano al personalismo. Existe un vínculo fundamental entre Dios y el hombre debido a que el hombre es una persona y Dios, de una manera especial, también lo es: la naturaleza divina vive en la incomprensible naturaleza trinitaria. Este vínculo, basado en esta similitud, no ignora la total disparidad entre la naturaleza de Dios y la del hombre; sin embargo, crea las bases para pensar en la existencia de un elemento de la naturaleza de Dios dentro de la naturaleza humana. A raíz de la caída de Adán, es precisamente en el misterio de la Encarnación, en el nacimiento de Cristo, donde la humanidad puede buscar los fundamentos de esta identidad.

b. *El Orden de la Gracia* explica este vínculo. La gracia acerca al hombre a Dios. Esta proximidad objetiva hacia Dios equivale a santidad; por lo tanto, la gracia santifica. Santifica al infundir en la naturaleza del alma y sus facultades los elementos de la vida de Dios. Estas son características reales que pueden ser llamadas gracia santificante, fe, esperanza, amor — dones del Espíritu Santo, que son el fermento de una nueva vida en la persona. En su vida espiritual, una persona se beneficia de estos dones que fueron implantados en su naturaleza en forma de gracia. Al aprovechar esta gracia, una persona lleva una nueva vida espiritual—una vida que es sobrenatural; la medida de lo sobrenatural depende del empleo de los recursos de gracia en la vida de esta persona. Gracias a esto, la relación de la persona humana con el Dios tri-personal se vuelve propicia. De este modo, la relación entre el hombre-persona y el Dios triunitario se torna adecuada (es decir, corresponde a los planes y propósitos del Creador para la humanidad).

Estas reflexiones permiten una mejor comprensión del concepto del sacramento del matrimonio. La energía de lo sobrenatural—de la gracia—se encuentra oculta en la naturaleza, o en las naturalezas, de las personas que se conectan a través del matrimonio. Estas fuerzas pueden estar activas en un grado menor o mayor. Este grado de su efectividad determina la santidad del hombre, su proximidad objetiva hacia Dios y el grado de unidad con Él. El grado de acción de las fuerzas sobrenaturales en las personas unidas en matrimonio determina la santidad de su unión y su cercanía a Dios.

El ser humano es, en primera instancia -por así decirlo- cercano a Dios, parecido a Él porque tiene una personalidad, y en segunda instancia al poder saturar la vida de esta persona con elementos sobrenaturales. El matrimonio, en primera instancia, también está cercano a Dios al ser una unión de personas fundamentada en el amor. Hay también una cierta analogía con la unión de Personas que encontramos en la Santa Trinidad. En un nivel superior, hay un matrimonio que se acerca a Dios como una unión de amor entre personas, hombre y mujer, basada en el misterio de la Encarnación — el misterio de la gracia que penetra en la naturaleza. Este es precisamente el sacramento cristiano del matrimonio. Muestra al matrimonio como una realidad humana que está profundamente arraigada en Dios a través del misterio de la Encarnación. Este hecho, a su vez, eleva e ilumina, pero también puede abrumar y asustar, especialmente al confrontarse con la bien conocida debilidad de las personas que viven en una cercanía extraordinaria con Dios.

c. *El Orden del Sacramento.* Es precisamente esta debilidad humana la que, de manera especial, explica el orden del sacramento. A través del misterio de la Encarnación, Dios entró en la totalidad de la naturaleza humana; por lo tanto, también en la "carne", que en cierto sentido es su sinónimo. De esta manera, la "carne" — el cuerpo del Hombre-Cristo — se convirtió en un signo visible y un prototipo de todos esos signos. Durante siglos, la Iglesia los ha denominado sacramentos. Un sacramento es un signo visible y efectivo de la gracia: un hombre que es "carne", a través de un sacramento, se convierte en parte de lo divino, de lo sobrenatural en su materia. Es como si cada sacramento, en su esencia, reprodujera la Encarnación en una dimensión reducida, a escala de la persona; o, cuando hablamos de un matrimonio, a la escala de dos personas. La Encarnación se repite y, al mismo tiempo, se alarga y se extiende; porque la Encarnación está destinada a extenderse a todos los hombres, permitiendo que todos participen en la adopción como hijos de Dios, a imagen de Dios, el Hijo Encarnado.

El sacramento, como un signo efectivo de la gracia, crea en la naturaleza fuerzas sobrenaturales, fuerzas que permiten una vida plena del ser humano, es decir, una vida de acuerdo con los planes e intenciones del Creador hacia la humanidad. Estas fuerzas hacen posible tal vida para la persona humana, pero no son las que la logran. Por lo tanto, es necesario extraer de estas fuerzas todo lo que está oculto en ellas y aplicarlo a la vida personal. Esta ya es la tarea del ser humano, o de las personas que, a través del sacramento, entran en la órbita de la gracia.

Este hecho es de particular importancia en lo que respecta al sacramento del matrimonio, ya que simultáneamente hay dos personas que entran en la órbita de la gracia. Además, su entrada en la órbita de la gracia, la misma que es creada por el sacramento del matrimonio, es algo que ocurrió gracias al otro, y por lo tanto los cónyuges deben estar mutuamente agradecidos. Después de todo, ellos son los ministros de este sacramento: si uno de ellos no aporta la expresión de su decisión autónoma y madura, no habría sacramento y, con ello, no habría gracia, la misma gracia que el sacramento del matrimonio crea en las personas. Estas dos personas son entre sí instrumentos directos de la acción de Dios. Son como conductores de la corriente de vida que está en Dios y de la cual se convierten en partícipes a través del sacramento.

Unamos todo lo que se ha dicho anteriormente sobre el orden de la gracia y el orden de la persona, y obtendremos una visión completa del matrimonio cristiano. Esta visión presupone en toda su profundidad el misterio de la Encarnación, su contenido y sus dinámicas específicas. Solo un hombre que sea capaz de alcanzar esta visión en cierta medida, también podrá comprender la santidad objetiva del matrimonio cristiano y reconocer, con toda convicción, las razones de su indisolubilidad.

2. *Educación Para el Matrimonio – la Cultura de la Persona*

Todo hombre debe reconocer que el problema principal del matrimonio es el problema de la persona. En esencia, el matrimonio es una unión de dos personas y no simplemente su combinación o conexión basada en el atractivo sexual de dos naturalezas diferentes—masculina y femenina. El matrimonio es, sin duda, esta conexión de naturalezas, pero esto por sí solo no determina su especificidad humana. La base adecuada de su amor, a la cual un matrimonio debe su origen y existencia, no radica solo en sus naturalezas— en su diversidad psicofísica. El amor humano es siempre un acto de la persona, y está dirigido hacia otra persona. La vasta serie de manifestaciones psicofísicas acompaña, e incluso determina, este amor, pero no puede oscurecer su carácter personal principal. El amor no se deja dividir en todas estas manifestaciones o en su suma; por lo tanto, no se deja limitar completamente por ellas. Constituye su totalidad, así como el hombre es su totalidad. Y el hombre en su totalidad es una persona, y el amor, como un acto de un hombre—visto de manera integral y profunda—es siempre un acto de una persona.

Este carácter de la persona y este carácter del amor humano solo pueden ser comprendidos y explicados en su esencia a través de la filosofía. Las ciencias específicas requieren cierta división, cierto desglose metódico de la totalidad del ser humano en una serie de materias y aspectos, para analizarlos por separado y establecer el orden de cada uno de ellos. En consecuencia, la fisiología puede examinar uno de los factores del amor sexual humano, pero por sí sola no puede determinar su esencia en toda su plenitud, solo puede iluminarlo desde un cierto punto de vista. Tal iluminación es valiosa para la comprensión del amor, pero no es suficiente. La psicología iluminará el mismo asunto desde un ángulo diferente, pero tampoco podrá captar su contenido completo, aunque parezca acercarse más que la sexología fisiológica. Otro enfoque puede ser presentado por la sociología, ya que iluminará el trasfondo social del asunto, pero también necesitará asumir el concepto fisiológico de la persona y del amor.

La propedéutica[68] del matrimonio implica educar a las personas, tanto a mujeres como a hombres, hacia esa madurez específica que el matrimonio requiere. Este tipo de propedéutica debe basarse en el conocimiento; por lo tanto, debe combinar todo lo que la fisiología, la psicología, la sociología o cualquier otra ciencia dicen sobre la vida sexual, el amor y la familia. Sin embargo, todos estos elementos deben ser luego integrados al someterlos a la persona, y hacia el hombre en su totalidad.

---

[68] Nota del editor: *Propedéutica* es un término antiguo que se refiere a un estudio o instrucción preparatoria.

Por esta razón, la *ética* debe desempeñar un papel fundamental en la propedéutica del matrimonio. Hay dos maneras en que la ética aborda los problemas: una es desde el aspecto de las normas mismas, su contenido formal y las conexiones lógicas entre ellas; la otra es desde el aspecto del sujeto al que se refieren estas normas (es decir, desde el aspecto del hombre y sus acciones). En ambos casos, a medida que la ética se acerca a un problema específico, todos los aspectos de la ciencia humana deben ser sometidos a la persona. La ética presupone una persona integral, implica su potencialidad total y, al mismo tiempo, específica. Por ello, debe ser la dimensión esencial de la propedéutica del matrimonio, así como de la propedéutica de cualquier otro aspecto de la vida humana. Es importante que la ética vea al hombre como persona constantemente en dos momentos (*nota bene* especialmente dentro del marco completo de la vida social): quién es y quién está llamado a ser. Se guía por una visión integral del hombre, del hombre perfecto, una visión que otras ciencias específicas carecen.

Es sobre la base de esta visión dual del hombre en la ética que nace la doctrina de las virtudes; es un estudio de cualidades relativas solo a la persona, cualidades que hacen a la persona buena como persona, lo que hace la vida de la persona buena en diferentes aspectos. Tal doctrina no podría surgir de ninguna otra ciencia humana más que aquella que ve al ser humano en su totalidad: tanto en su dimensión actual como en su potencial.

Gracias a la doctrina de las virtudes, la aretalogía convierte a la ética en la parte fundamental —la única base adecuada—para la educación. La propedéutica del matrimonio, es decir, la educación de las personas para la madurez necesaria en el matrimonio es esencialmente una cuestión de virtud. Sin embargo, se sabe desde al menos la época de Aristóteles que el camino que lleva del estudio de las virtudes a la vivencia real de las virtudes humanas es bastante largo. Ese camino atraviesa las áreas de la voluntad, las esferas de las emociones y los impulsos humanos, por lo que también son estudiadas por fisiologistas y psicólogos. Todos sus descubrimientos serán integrados a través de la ética y su visión peculiar de un hombre en dos momentos: quién es y quién está llamado a ser. La comprensión de la persona es un factor sin el cual ni siquiera los resultados más modernos de las ciencias experimentales, la fisiología, la psicología o la sociología podrán contribuir a la propedéutica del matrimonio. De hecho, podrían incluso destruir este trabajo o reducirlo. El matrimonio exige, sobre todo, la cultura de la persona.

¿Qué es la "cultura de la persona"? Sin dar una respuesta directa, digamos que no se puede tener y practicar sin una visión sólida y bien fundamentada de la persona, de su ser, de sus capacidades (altas y bajas) y de su destino. Esta visión depende, entre otras cosas, de si el amor sexual se situará a la altura de la dignidad de la persona. Obviamente, no se trata de teorizar sobre la persona, sino de reconocer que la visión de la persona sigue moldeando todo lo que engloba la propedéutica del matrimonio, así como el matrimonio mismo.

La propedéutica del matrimonio es, sin duda, un deber de la sociedad: de toda la sociedad en un sentido amplio e indirecto, pero en un sentido más cercano y directo, de aquella parte de la sociedad que puede llamarse comunidad. En los tiempos en que la cultura de la persona disminuye en la sociedad — un problema que puede avanzar, y a veces de manera preocupante, paralelo al crecimiento de la riqueza material, o más bien a su exceso — no hay otros medios para la propedéutica del matrimonio que la creación de comunidades en las que la cultura de la persona pueda florecer. Tales comunidades cumplirán su función a pesar de cualquier contratiempo o fracaso. Al mismo tiempo, es importante concientizar a toda la sociedad, a todos aquellos que sea posible, de que el futuro del matrimonio, el futuro de cada matrimonio individual, depende de cada uno de nosotros, del nivel de cultura de la persona que se encuentre en cada uno de nosotros.

La propedéutica del *sacramento* del matrimonio es un problema ligeramente separado. En las sociedades cristianas, se asocia simplemente con la propedéutica del propio matrimonio, lo que no significa, sin embargo, que no podamos o no debamos resaltar ciertas diferencias. Si bien no hay duda de que un matrimonio cristiano basado en el sacramento debe, ante todo, ser saludable en un sentido natural, su sacramentalidad, no obstante, introduce un nuevo contenido que no podría ser reconocido sin el estudio del misterio de la Encarnación. Basándose en este misterio del Evangelio, la cultura de la persona adquiere nuevos significados. La propedéutica del sacramento del matrimonio consiste en absorber estos significados y en su asimilación dentro del pensamiento, el corazón y la voluntad de cada persona interesada. Dado que toda la sociedad cristiana está implícitamente interesada, ella también, en su totalidad, debe asimilar fundamentalmente el sentido del hecho de que el Hijo de Dios "se hizo carne".

Cuando la sociedad cristiana reconoce que, a pesar de las apariencias, estos significados no han sido asimilados, que los contenidos y valores del sacramento del matrimonio basados en el sacramento de la Encarnación han muerto en la vida, la práctica y la motivación detrás de las acciones de las personas, entonces necesita asumir la carga de asimilar estos significados, contenidos y valores — desde el principio. Se convertiría en una especie de reeducación en el ámbito del sacramento del matrimonio. La cuestión de la propedéutica del sacramento del matrimonio se convierte, en ese caso, en un deber particularmente importante para la sociedad, principalmente para todos aquellos que se dan cuenta de la gravedad de este asunto. Y lo más probable es que el mejor método sea, nuevamente, un método de construcción de comunidades en las cuales la propedéutica del sacramento del matrimonio pueda desarrollarse como una función social y como resultado de la actividad de diferentes miembros de la comunidad específica.

Todos vemos que esta es exactamente la dirección de diferentes iniciativas entre las sociedades católicas en Occidente. En Polonia, aún hay una débil conciencia de la necesidad de tal reeducación, y esa necesidad ciertamente existe, especialmente en los círculos de intelectuales, cuyas consideraciones sobre el matrimonio son eclécticas en lugar de auténticamente cristianas. El adjetivo "cristiano" significa en este caso "según las necesidades de la persona", "personalista", y por lo tanto "humano".

La metodología de las iniciativas hacia la reeducación puede ser diversa, pero todas deben referirse en última instancia a este único método: a la cultura de la persona. En el enfoque plenamente cristiano, esta cultura nace de una visión de la persona, su ser, sus capacidades y su destino que se puede encontrar en el contenido y la dinámica objetiva del misterio de la Encarnación.

3. *Economía y Personalismo*

En nuestros tiempos, toda la cuestión de la propedéutica del matrimonio, y sobre todo de la propedéutica del sacramento del matrimonio, conlleva otro aspecto de gran importancia. Ese es un aspecto socioeconómico. No es que no haya sido importante en otras épocas de la historia, pero hoy en día es claramente más notable. Sin entrar demasiado en los detalles socioeconómicos de la estructura de un matrimonio y una familia modernos, deseo llamar la atención sobre una cosa que es, en mi opinión, central.

Es claro que la humanidad ha pasado por cambios económicos masivos. Estos cambios, hasta el día de hoy, han traído enormes desafíos a la vida conyugal y familiar. Basta recordar ejemplos típicos como: la necesidad de que ambos cónyuges trabajen profesionalmente (con todas sus consecuencias sobre la vida familiar y la crianza de los hijos), la falta de medios materiales necesarios para comenzar y mantener una familia, y lo más agudo, especialmente en las grandes ciudades, la falta de vivienda. Al observar estos hechos y sus consecuencias en la moralidad, particularmente la vida moral de los matrimonios y las familias, debemos reflexionar sobre una verdad práctica, una regla que la Iglesia probó en sus actividades hace mucho tiempo. Según esta regla, la colectivización requiere una madurez moral particular de aquellos que deciden participar en ella. Sin altos estándares morales, se vuelve muy peligrosa. A su vez, conforme a las implicaciones del materialismo, las relaciones económicas deben resultar en una nueva moralidad transformada que será el efecto del nuevo sistema. Mientras tanto, el cristianismo sigue convencido de que vivir en comunidad requiere, sobre todo, altos estándares morales en los cuales el ideal espiritual permite la renuncia a cierto tipo de bienes materiales—o a una determinada relación con estos bienes. Dicho ideal espiritual no nace mecánicamente, gracias a las condiciones económicas cambiadas, sino que necesita ser creado—como lo es siempre en el caso de los valores morales—gracias a los esfuerzos de la persona humana dentro de la sociedad.

Hasta ahora, las condiciones económicas solo han obstaculizado este trabajo sobre la cultura de la persona que constituye el núcleo de la vida matrimonial y familiar. Pero tal afirmación no será de gran utilidad. Es realmente más importante darse cuenta de que las condiciones socioeconómicas cambiadas simplemente requieren una cultura de la persona aún más elevada, para que el matrimonio y la familia puedan vivir en los niveles morales necesarios para su carácter humano y cristiano. Así es como debemos presentar este tema. Cualquier otra representación de este asunto no servirá para nada, no resolverá nada y solo será una explicación de fracasos y derrotas en este ámbito. La sociedad cristiana sigue sorprendida por estas transformaciones y relaciones económicas, con las que una moralidad humana ordinaria, en muchos casos, no puede hacer frente. La consecuencia de esta conmoción es una serie de fracasos o incluso desastres en la vida moral de los matrimonios y las familias. No podemos aceptar esto. Los eventos que han tenido lugar desde la perspectiva económica nos están obligando a intensificar nuestros esfuerzos en la dimensión moral relacionada con la cultura de la persona en la vida de un matrimonio y una familia. A veces, hablamos de la necesidad de heroísmo en esta área. Tales palabras no son una exageración.

Ciertamente, en condiciones ordinarias, no se puede exigir a los hombres que sean heroicos, pero hay ciertas condiciones extraordinarias que pueden demandarlo de ellos.

Incluso una mirada muy general a esta situación nos obliga a admitir que una cultura plena de la persona en la vida del matrimonio y la familia, en las condiciones socioeconómicas actuales, puede lograrse a costa de esfuerzos no del todo ordinarios, sino extraordinarios. Por duro que sea, debemos mirar la verdad a la cara e incorporar este hecho severamente evidente en el sistema de la propedéutica del sacramento del matrimonio.

Mientras que en estos días todavía no podemos confundir ni enredar la doctrina evangélica respecto a los estados de perfección, sí es necesario afirmar que el matrimonio—la plenitud de la vida conyugal y familiar de hoy—, a pesar de no representar un estado objetivo de perfección según el Evangelio, sin embargo, subjetivamente exige una moralidad mucho más alta de aquellos que deciden entrar en él; de hecho, exige un esfuerzo mayor para alcanzar y preservar la perfección moral más que nunca. Este hecho confirma una vez más la necesidad de una reeducación en la propedéutica del sacramento del matrimonio y la necesidad de comunidades cuyos miembros—al decidir casarse—sean plenamente conscientes de cuánto esta decisión les demandará en la vida desde un punto de vista moral.

Esta parece ser la única forma adecuada de abordar el problema. Incluso podríamos admitir que la Providencia nos impulsa en esta dirección. Por lo tanto, debemos elevar los estándares para nosotros mismos.

La propuesta de elevar los requisitos encontrará resistencia. Entonces, no podemos hacer otra cosa que volver a meditar el asunto de manera tranquila y exhaustiva desde el principio. Una persona cristiana necesita reconsiderarlo a la luz del misterio de la Encarnación; después de todo, este es el misterio del que la celebración de la Navidad —abrió todas las oportunidades para las reflexiones anteriores sobre el matrimonio y la familia. En una reflexión tan profunda sobre estos temas, bajo la luz del misterio de la Encarnación, se pueden encontrar respuestas y todas las dudas irán desapareciendo lentamente. Este misterio es, de hecho, no solo divino sino también humano: confirma todas las cualidades humanas — es decir, las confronta en su profundidad — en una dimensión de la persona, la gracia y el sacramento. La Encarnación no tuvo lugar como una forma de acusación contra la humanidad, sino más bien para su justificación, o como un medio para sacarla de la devaluación original y la debilidad a la que los humanos se aferran con tanta frecuencia:

No solo debemos aprovechar la luz que emana de este misterio, sino también el poder que contiene y que nunca se agota.

Analizando el Texto

¿No es asombrosa la profundidad de San Juan Pablo II? Como mencionamos anteriormente, este texto fue escrito por el padre Wojtyła en 1957. En esta carta, él toma la Natividad de Nuestro Señor para reflexionar sobre la Encarnación y utiliza esta reflexión para profundizar nuestra comprensión del matrimonio. San Juan Pablo II comienza esta explicación de la Encarnación bajo el subtítulo *'En los Fundamentos del Personalismo'*, los cuales divide en tres órdenes: el orden de la persona, el orden de la gracia y el orden del sacramento.

En *"El Orden de la Persona"*, él explica la distinción singularmente cristiana del *personalismo*. Solo al comprender la Encarnación y las dos naturalezas de la Segunda Persona de la Santísima Trinidad, los Padres de la Iglesia distinguieron lo que significa ser una persona. El concepto de la persona comenzó a ser entendido como "un ser espiritualmente individualizado y libre", y esta "dimensión espiritual de razón y libertad pertenece exclusivamente a la persona".[69] Esto facilitó la evolución de la comprensión del hombre como persona. Aunque existe una gran distancia entre la persona divina y la persona humana, esta personalidad revela un "vínculo fundamental" entre Dios y el hombre.[70] Por lo tanto, dice, la Encarnación contiene la fuente de la identidad de toda la humanidad.

---

[69] *Reflexiones sobre el Matrimonio: El Orden de la Persona*
[70] *Ibid.*

En la sección *"El Orden de la Gracia"*, San Juan Pablo II afirma que la gracia acerca al hombre a Dios. Dado que la cercanía a Dios puede entenderse como santidad, podemos decir que la *gracia santifica*. Lo hace "infundiendo la naturaleza del alma y sus facultades con los elementos de la vida de Dios".[71] Con este don de la gracia, la persona humana puede vivir una nueva vida espiritual, una *vida sobrenatural*. Sin embargo, el grado en que vive dentro de esta vida sobrenatural depende de que el hombre *aproveche las fuentes de gracia*. En otras palabras, a través de los sacramentos, Dios nos ha dado el potencial para esta vida sobrenatural de gracia, pero depende de nosotros abrirnos para recibirla. Cuán abiertos estemos a que la gracia se haga real en nuestras vidas determina nuestra santidad, es decir, nuestra cercanía hacia Dios.

Luego, él lleva esta idea al ámbito del matrimonio. Habla de la *espiritualidad conyugal*.[72] Afirma que la profundidad de la espiritualidad conyugal de un esposo y una esposa dependerá de su apertura a la acción de la gracia en su vida sacramental compartida: "el grado de acción de las fuerzas sobrenaturales en las personas unidas en matrimonio determina la santidad de su unión y su proximidad a Dios".[73] Las parejas casadas encontrarán cercanía con Dios en directa correlación con la medida en que su unión pueda reflejar y encontrar su verdadero significado dentro de

---

[71] *Ibid*, *El Orden de la Gracia*.

[72] Para dar contexto, más adelante describe la espiritualidad conyugal como la relación de la pareja con Dios. Esta no es su relación personal e individual con Dios, sino una relación adicional y especial con Dios que tienen en su unidad.

[73] *Ibid*.

la Comunión de las Personas Divinas de la Santísima
Trinidad. Esta Comunión de Personas Divinas es el
arquetipo de la unión amorosa que cada matrimonio
está llamado a imitar. La pareja casada tiene una
relación única con Dios debido a la similitud de esta
comunión de amor, la cual es fruto de la gracia que ha
sido derramada en su vida a través del misterio de la
Encarnación.

En *"El Orden del Sacramento"*, enseña que fue a
través del evento de la Encarnación que Dios entró en
la humanidad de una manera profunda. La
Encarnación toca cada parte de la humanidad,
incluyendo el cuerpo, y es precisamente el cuerpo del
Hombre-Dios, Jesucristo, el que se convierte en "una
señal visible y un prototipo de todas aquellas
señales".[74] A través de la participación en cada uno de
los sacramentos, el ser humano participa en el misterio
de la Encarnación, en una vida completamente
sobrenatural; y no solo participa, sino que "alarga y
extiende"[75] esa vida. En cada sacramento, el signo
eficaz de la gracia hace posible la plenitud de la vida
humana tal como Dios la ideó. Sin embargo, la
participación en los sacramentos por sí sola no lleva
esta vida a su realización; le corresponde a cada
persona humana extraer de los dones sobrenaturales
todo lo que contienen para que pueda entrar en esta
vida de gracia.

En el sacramento del matrimonio, él dice: "hay
simultáneamente dos personas que entran en la órbita

---

[74] *Ibid, El Orden del Sacramento.*
[75] *Ibid.*

de la gracia".[76] Al entender que los cónyuges son los ministros del sacramento del matrimonio, cada esposo tiene la responsabilidad frente al otro de entregarse amorosamente y entrar en esta órbita de gracia. Solo cuando ambos cónyuges se abren a Dios y a todo lo que el don sobrenatural de la gracia tiene para ofrecerles, puede fructificar el sacramento auténtico del matrimonio. Ambos se convierten en conductos de esta gracia para el otro: "estas dos personas son entre sí instrumentos directos de la acción de Dios"[77] en su vida matrimonial. (¡Qué asombroso es esto!)

El padre Kwiatkowski, quien trajo estos textos nuevamente a la luz pública, observa además que este escrito con el título de "Reflexiones sobre el Matrimonio" demuestra cómo el amor trinitario se hace visible en la vida diaria del esposo y la esposa. Existe una comunión completamente penetrante entre el hombre y la mujer en el matrimonio, y esta es la reflexión de la unión amorosa dentro de la Trinidad. El enfoque de este texto es la realización particular de esta profunda verdad en la vida cotidiana del matrimonio. La espiritualidad conyugal es "una espiritualidad vivida por dos, donde ambos cónyuges entran en la órbita de la gracia y, al recorrer el mismo camino, cada uno con sus propios pasos se convierten el uno para el otro en instrumentos de la acción de Dios".[78] *Su*

---

[76] *Ibid.*

[77] *Ibid.*

[78] *Grygiel*, 18, "È una spiritualità vissuta in due, dove entrambi gli sposi entrano nell'orbita della grazia e percorrendo con i propri passi lo stesso cammino, diventano l'uno per l'altro gli instrumenti dell'agire di Dio".

matrimonio, como unión, se convierte en una vida sobrenatural.

En *Educación Para el Matrimonio – la Cultura de la Persona,* comienza reconociendo que debemos centrarnos en la *persona* para entender el matrimonio.[79] El matrimonio es una unión de dos *personas* humanas y no es simplemente un vínculo debido a la atracción sexual o la cordialidad. Si bien los elementos psicológicos, sociológicos y fisiológicos desempeñan un papel en la unión natural entre el hombre y la mujer, ninguna de estas ciencias puede alcanzar el núcleo de la naturaleza del amor humano. Él afirma que "el hombre en su totalidad es una persona, y el amor, como un acto del hombre — visto de manera integral y profunda — es siempre un acto de una persona".[80] Cada una de las otras ciencias se queda corta al ver al hombre como un todo integral. Si bien la preparación para el matrimonio debería incluir naturalmente todo lo relacionado con la comunicación, las relaciones y la sexualidad, lo cual abarcaría una variedad de otras ciencias, "todos estos elementos deben integrarse sometiéndolos a la persona, al hombre en su totalidad".[81]

La ética debe guiar la preparación para el matrimonio. Lo más importante, enfatiza, es que se vea al hombre como un todo integral. Al enseñar la ética del matrimonio, siempre debemos considerar al hombre en dos momentos: "*quién es y quién está llamado*

---

[79] *Reflexiones sobre el Matrimonio, 2. Educación Para el Matrimonio - la Cultura de la Persona.*
[80] *Ibid.*
[81] *Ibid.*

a ser".[82] Esta visión total del hombre debe impregnar todo lo que se enseña. Este punto de vista personalista evita que las otras ciencias lleven la educación en una dirección demasiado unilateral o incluso que la debiliten. Esto se debe a que, como dice, "el matrimonio exige, por encima de todo, la cultura de la persona".[83] Todo lo que la pareja debe aprender, incluido el amor sexual, debe elevarse a la dignidad de la persona humana. Es la "visión de la persona"[84] la que debe iluminar toda preparación para la vida matrimonial a la que aspira la pareja comprometida. Cualquier cosa que enseñemos a las parejas, debemos abordarlas desde su realidad actual (*quién es el hombre*) en la realidad de su vida. No podemos apresurar el viaje espiritual que cada individuo emprende. Sin embargo, tampoco podemos simplemente decir "así es la vida" y dejarlos allí. Debemos señalar a cada pareja la visión de Dios para su vida (*quién está llamado a ser el hombre*).[85]

San Juan Pablo II explica además que, en un sentido general, normalmente sería función o responsabilidad de la sociedad preparar a las parejas para el matrimonio. Sin embargo, cuando la sociedad ha perdido su sentido de la dignidad y la visión de la persona, es incapaz de llevar a cabo esta tarea: "cuando la cultura de la persona disminuye en la sociedad... no hay medios para la propedéutica del matrimonio más

---

[82] *Ibid.*

[83] *Ibid.*

[84] *Ibid.*

[85] Hemos visto esto en la parte 1, lo que llamamos la tensión entre lo Real y lo Ideal.

que crear comunidades en las que la cultura de la persona pueda crecer".[86] Aunque estas comunidades creadas para apoyar la cultura de la persona enfrentarán sus desafíos, debemos hacer que esta verdad sea escuchada por toda la sociedad: "el futuro del matrimonio, el futuro de cada matrimonio individual, depende de cada uno de nosotros, del nivel de cultura de la persona que se encuentre en cada uno de nosotros".[87] Esto es de suma importancia al prepararse para el sacramento del matrimonio.

En una sociedad cristiana, San Juan Pablo II explica que la preparación para el matrimonio y para el sacramento del matrimonio serían en su mayoría las mismas. Sin embargo, la diferencia entre ambas se encuentra en el misterio de la Encarnación, el cual otorga un valor aún mayor a la persona. Cuando una comunidad cristiana percibe que la sociedad en general ya no defiende la dignidad de la persona, corresponde a la comunidad cristiana reeducar y llevar nuevamente estas verdades a la cultura: "Sería una especie de reeducación en el ámbito del sacramento del matrimonio".[88]

La preparación para el matrimonio es más que una lista de instrucciones que deben ser entendidas; debemos crear una nueva comunidad que apoye la cultura de la persona, donde las parejas puedan aprender y crecer. La preparación y educación para el matrimonio se convierte, entonces, en una tarea de

---

[86] *Ibid.*
[87] *Ibid.*
[88] *Ibid.*

toda la comunidad y no solo de un instructor. Podemos ver cómo su experiencia con la comunidad *Środowisko* moldea su comprensión al respecto.

También podemos ver cómo la comunidad que él posteriormente inició con La Regla se ajustaría a esta necesidad. Parecería que un grupo comprometido de matrimonios con el propósito de la oración, el crecimiento espiritual, el apostolado y la educación continua en la verdad del matrimonio y la familia sería ideal para nutrir la preparación del matrimonio. Deja los detalles concretos abiertos, pero reafirma la importancia de que esta comunidad debe promover la cultura de la persona:

> Esta cultura (de la persona) nace de una visión del ser humano, su ser, sus capacidades y su destino, que se pueden encontrar en el contenido y la dinámica objetiva del misterio de la Encarnación.[89]

En su sección final de las *Reflexiones sobre el Matrimonio*, San Juan Pablo II habla sobre la *Economía y el Personalismo*. Los profundos cambios económicos en la sociedad moderna han dificultado vivir auténticamente la vocación del matrimonio y la familia. Destaca algunos de los problemas reales: la necesidad de que ambos cónyuges tengan empleos profesionales y las consecuencias que esto tiene en la vida familiar, la falta de fondos suficientes para cuidar de la familia y la falta de vivienda adecuada en la que se pueda criar a la familia conforme a la verdad del

---

[89] *Ibid.*

Evangelio. *El "ideal espiritual"*[90] *de una comunidad cristiana y la alta moral que esto requiere no surgirán de manera natural en el mundo moderno, dice, sino que debe ser establecido.*

El modo en que los cristianos han vivido ya no será suficiente en esta sociedad moderna:

> Las nuevas condiciones socioeconómicas simplemente requieren una cultura de la persona aún más elevada para que el matrimonio y la familia puedan vivir en los niveles morales necesarios para su carácter humano y cristiano.[91]

La sociedad cristiana se ha visto sorprendida por los cambios radicales en el mundo y, al no estar preparada para responder, ha observado un declive en la moralidad de los matrimonios y las familias. (*Recuerda que esto fue escrito hace más de sesenta años. ¿Cuánto más declive no hemos visto desde entonces?*) Vivir como cristiano en nuestro mundo moderno demanda cierto heroísmo. Él afirma:

> Ciertamente, en condiciones ordinarias, no se puede exigir al hombre que actúe con heroísmo, pero hay ciertas condiciones extraordinarias que puede demandarlo de él.[92]

Debemos reconocer, dice, que los cónyuges que se esfuerzan por vivir dentro de la cultura de la persona

---

[90] *Ibid.*, 3. *Economía y Personalismo.*
[91] *Ibid.*
[92] *Ibid.*

en nuestro mundo moderno solo tendrán éxito con una fuerza extraordinaria y un compromiso con la verdad. Conociendo esta realidad, debemos encontrar una manera de entrelazarla en la preparación para el matrimonio. Dentro de nuestra sociedad, un matrimonio auténticamente cristiano:

> Exige subjetivamente una perfección moral mucho mayor de aquellos que ingresan en él; efectivamente, exige un esfuerzo mayor para alcanzar y preservar esa perfección moral más que nunca.[93]

La preparación para el matrimonio debe reeducar a la comunidad cristiana, asegurándose de que las parejas comprometidas comprendan la exigente tarea que tienen por delante.

San Juan Pablo II concluye su reflexión volviendo al misterio de la Encarnación, que ha transformado y elevado cada aspecto de lo que significa ser humano. Las gracias para nacer en esta nueva vida están disponibles a través de los sacramentos, y estas mismas gracias otorgan la fuerza para luchar contra la tentación de la debilidad:

> No solo debemos aprovechar la luz que emana de este misterio, sino también el poder que contiene, y que nunca se agota.[94]

---

[93] *Ibid.*
[94] *Ibid.*

9

"El Amor es la Base Moral del Matrimonio"[95]

Resumen

El segundo texto complementario fue escrito por el obispo Karol Wojtyła en 1961, cuando era obispo auxiliar de Cracovia. Es una reflexión sobre el matrimonio, que él afirma continuamente está basada en la experiencia pastoral que ha tenido con matrimonios en sus concretas luchas cotidianas de la vida. San Juan Pablo II introduce la reflexión señalando la multitud de cambios sociales, y económicos, así como culturales e ideológicos que están ocurriendo en la sociedad. Debido a esto, afirma que necesitamos una nueva manera de entender y describir el matrimonio: "un nuevo modelo de matrimonio".[96] Su intento no será repetir temas ya

---

[95] K. WOJTYŁA, *Miłość jest moralnym fundamentum małżeństwa. Artykuł opublikowany przez biskupa Karola Wojtyłę w* "Przewodniku katolickim" w 1961 roku, in , in K. WOJTYŁA, Teksty poznańskie [los textos de Poznań], editado por M. Jędraszewski, Wydawnicto św. Wojciecha, Poznań 1997, 47-56. Traducido por A. Pata, 2020.

[96] *El Amor es la Base Moral del Matrimonio,* párrafos introductorios.

comprendidos sobre el matrimonio, sino "hacer que la teología se encuentre con la experiencia".[97] Sabiendo que el matrimonio es un sacramento, reconoce que la razón por sí sola no alcanzará su comprensión plena, sino que debemos encontrar nuestras respuestas también a través de la Revelación Divina.

---

[97] *Ibid.*

EL AMOR ES LA BASE MORAL DEL MATRIMONIO – POR EL OBISPO KAROL WOJTYŁA[98]

El estado del matrimonio actual[99]

Cuando se habla del estado del matrimonio católico actual, lo que viene inmediatamente a la mente son los cambios en las relaciones socioeconómicas y, en cierto modo, también culturales e ideológicas, que han ido dando forma a un nuevo modelo de matrimonio. Si deseamos analizar este modelo desde dentro, debemos comenzar con algunos principios teológicos. Al entender que el matrimonio es un sacramento, es justo admitir que es imposible obtener una visión clara del mismo mediante un simple análisis racional, o comprenderlo plenamente sin reconocer los supuestos de la Revelación o el elemento sobrenatural que contienen. Sin reconocer este elemento, también es imposible trazar un nuevo modelo de matrimonio, aunque sus nuevos fundamentos parezcan querer hacerlo a través de los factores socioeconómicos.

---

[98] K. WOJTYŁA, *Miłość jest moralnym fundamentum małżeństwa. Artykuł opublikowany przez biskupa Karola Wojtyłę w* "Przewodniku katolickim" w 1961 roku, in , in K. WOJTYŁA, Teksty poznańskie [the texts of Poznań], editado por M. Jędraszewski, Wydawnicto św. Wojciecha, Poznań 1997, 47-56. Traducido por A. Pata, 2020.

[99] *Note bene:* El título en polaco de la nota anterior dice: "*El amor es la base moral del matrimonio*". *Artículo publicado por el obispo Karol Wojtyla en la "Guía Católica" en 1961.* Sin embargo, en los textos de archivo, encontramos el título de esta sección como "*el estado del matrimonio actual*". Hemos incluido ambos títulos para reflejar esto.

No voy a repetir hechos ya conocidos. Pero quiero intentar extraer de las fuentes y de los supuestos teológicos todo lo que, en mi opinión, podría ser relevante para comprender y, sobre todo, para presentar de forma práctica el modelo de matrimonio que claramente vemos conformarse hoy. Será un intento de hacer que la teología se encuentre con la experiencia.

1. Sed Perfectos

Para ese fin, me gustaría hacer referencia a ciertas tesis de la enseñanza teológica sobre la perfección cristiana. Según las palabras de San Mateo: "Por tanto, sean perfectos, como su Padre celestial es perfecto" (Mt 5,48). Sostenemos que existe una recomendación, o incluso una obligación, de buscar la perfección, la cual es *universal*, y el camino hacia su realización está indicado por el mandamiento del amor. Realizamos la perfección de la vida cristiana cumpliendo el mandamiento del amor. Cuanto más lo cumplimos, más plenamente realizamos esta perfección de la que habla el Evangelio.

El mandamiento del amor en sí mismo también es universal, lo que confirma una vez más el carácter universal del llamado a la perfección. Sin embargo, existen diferentes formas de realizarlo, al igual que hay distintas vocaciones y diferentes direcciones en la vida de las personas, y, por lo tanto, también distintas formas de vivir el mandamiento del amor. El amor en sí mismo, que es el objeto del mandamiento, es una virtud teologal, una virtud divina, lo que explica su poder interior de unir al hombre con Dios, siendo al mismo tiempo la forma moral más bella en la que una persona se relaciona con otra.

Estos dos elementos: sobrenatural, por tanto teológico, y personalista (personal), constituyen el contenido de este "mandamiento más grande" y delinean todo el carácter de la perfección cristiana.

2. Estado de Perfección

Hay otra cuestión que está relacionada con la enseñanza antes mencionada sobre la perfección de la vida cristiana, y es la cuestión del llamado estado de perfección. No nos referimos aquí al estado espiritual interior, que ya ha alcanzado la perfección basada en el amor, sino más bien a una determinada forma social, un cierto sistema de vida comunitaria o solitaria, que resulta especialmente favorable para alcanzar la perfección descrita en el Evangelio. En la base de este estado se encuentran tres consejos evangélicos principales que una persona se compromete a observar mediante los votos de castidad, pobreza y obediencia. El resultado de estos votos es un estado (es decir, un sistema de vida humana), al que llamamos "vida religiosa". (Por cierto, las llamadas instituciones seculares representan la forma más moderna de orden religioso. La secularidad no perturba su espíritu, aunque sí interferiría con la participación en el sacerdocio. El sacerdocio y la vida religiosa son claramente dos formaciones distintas).

3. El Estado de Vida Matrimonial

A la luz de todo lo dicho anteriormente, es fácil establecer que el matrimonio, como estado, no se identifica con el "estado de perfección". (El matrimonio es, por supuesto, un determinado estado, una formación bien definida de la vida humana con su propia estructura específica). Ahora bien, la estructura del matrimonio no es tal que todo en ella deba estar orientado hacia la realización del ideal de perfección cristiana, como ocurre en el caso de la vida religiosa. Sin embargo, *el estado de vida matrimonial ciertamente no excluye la perfección cristiana*, y si tomamos en cuenta el don sobrenatural especial con el que los esposos son revestidos a través del *sacramento del matrimonio*, entonces la afirmación utilizada anteriormente — "no excluye la perfección cristiana" — puede parecer bastante conservadora, ya que resulta demasiado negativa. De hecho, la perfección de la vida cristiana se basa en ese don sobrenatural que debemos a los santos sacramentos (y, por tanto, también al matrimonio). Por supuesto, esto no lo es todo — esta perfección requiere condiciones apropiadas — y es aquí donde cobra pleno sentido el concepto de "estado" según la idea anteriormente mencionada.

El matrimonio no es tal "estado" (de perfección). Los cónyuges comienzan su nueva vida con una cierta dotación sobrenatural en la que también existe una posibilidad plena de realizar la perfección cristiana, pero su propio "estado" ya no les ayuda en esto ni les predispone a ello. (Tal vez esta expresión sea demasiado pesimista; en su lugar, digamos entonces que su estado no los orienta específicamente hacia ella). La teología católica no elimina el matrimonio de la orientación sobrenatural. Pero no está convencida de su orientación hacia la perfección del propio estado de vida matrimonial. ¿Cómo podemos explicar esta idea? Claramente por el hecho de que tal orientación implica la realización de los consejos evangélicos, y cada uno de ellos se refiere a lo que es "mejor y no obligatorio". Sin embargo, no es lo mismo que la posibilidad verdadera de realización de la perfección cristiana en el matrimonio sacramental, y aquí las perspectivas son claras, ya que surgen de la mera idea del matrimonio. Una unión de dos personas que se basa en el amor crea algunas posibilidades distintas para cumplir este mandamiento, el "más grande", del que realmente depende la perfección.

4. La Perfección Cristiana en el Matrimonio

¿Por qué hablamos de todo esto? Porque parece que la enseñanza sobre la perfección ha sido ligeramente oscurecida por la enseñanza sobre el estado de perfección, lo que llevó a un cierto minimalismo casi programado en lo que respecta al matrimonio. El matrimonio es una institución respetada, tal vez incluso glorificada en teoría — "en teoría", ya que este respeto y glorificación se aplican más a lo que es la idea de Dios sobre el matrimonio, y con razón. Mientras tanto, cuando la idea necesita convertirse en realidad, entonces la imagen se oscurece. ¿Cuál es la razón? En parte, la razón está indudablemente en algunos hechos. Nos encontramos con diversos pecados de los cónyuges, que en el confesionario pesan tanto que el confesor incluso los llama su "cruz". (Tal vez también sean una cruz para los cónyuges. Valdría la pena considerarlo).

Pero también hay una segunda razón para esta actitud. Dentro de nosotros probablemente hay una especie de prejuicio relacionado con la cuestión de la carne, alguna huella de maniqueísmo, que no nos permite imaginar alcanzar la perfección (espiritual y sobrenatural) en el estado donde las cuestiones de la carne son un factor tan importante, tan esencial de una vida común de dos personas. Los manuales sobre la perfección cristiana guardan silencio sobre este tema y, en general, dan métodos de perfección que se adaptan a las condiciones que existen en el "estado de perfección". ¿Cómo se supone que debe ser la perfección cristiana en la realización de otras personas, especialmente los cónyuges que se volvieron "dos en una sola carne"? Resulta que vinculamos la santidad con la idea divina del matrimonio, pero no la exigimos a las personas casadas, ni trabajamos en esa dirección. La sugerencia de que el matrimonio debe tratarse en cambio "desde el lado del pecado" es tan fuerte y abrumadora que pocas personas piensan en tratarlo "en términos de perfección". No estamos equipados mentalmente para ello; también nos falta convicción.

5. Necesidad de Salir del "Callejón sin Salida"

Mientras tanto, a través de la vida en la práctica y las experiencias que trae, surge una reflexión de que ésta puede ser la forma correcta y realmente la única de romper este "callejón sin salida" que se ha creado alrededor del matrimonio. Se identifica por hechos, por artículos de prensa, amplias publicaciones y, además de todo eso, por un creciente "estilo de vida", que se impone cada vez más en las costumbres de los creyentes, no solo de aquellos cristianos solo de nombre, y, más a menudo que nunca, se acepta como algo "normal". Con este fin, he reunido varios comentarios de publicistas. Bueno, nuestra experiencia también dice que el matrimonio tiene para el creyente, en muchos casos, el carácter de una prueba de fuerza espiritual y moral, la fuerza de la fe y el carácter cristiano. Las costumbres sociales y las tradiciones de la comunidad parecen ayudar cada vez menos. Es importante entonces que todos nosotros —los fieles y los pastores— no nos abrumemos por la importancia de los numerosos hechos. Si queremos mantener nuestra fe en el matrimonio como asunto de Dios —como una de las áreas donde lo que juega un papel no es solo un hombre con su concupiscencia y su naturaleza imperfecta, sino también Dios con Su gracia—, no solo debemos asumir una fuerte convicción sobre las posibilidades de perfección en ese estado, sino también esforzarnos por ponerlas en práctica.

¿Por qué ésta es nuestra salida del "callejón sin salida"? En primer lugar, porque el matrimonio, basado en mi experiencia pastoral, puede mantenerse en el nivel que podríamos llamar "natural" (es decir, según los requisitos de las leyes de la naturaleza, el orden moral natural) solo a condición de esforzarse hacia la perfección. Sin embargo, no permanecerá en este nivel cuando hay una clara noción de alguna norma negativa, o solo de algún mensaje de "no permitido".

6. *"¿Fidelidad a la Naturaleza" o "Fidelidad a la Gracia?"*

El frente no católico presenta un programa de paternidad consciente. Propone a gritos todas las opciones de anticoncepción sin ninguna limitación. No podemos aceptar esta posición, aunque la sola idea de paternidad consciente es aceptable por nuestra parte.

Todo se trata del modelo de moralidad conyugal que hay detrás. Aquí es donde encontramos el punto sensible de toda esta cuestión, que reside en la visión del matrimonio más que en la procreación en sí misma

Y tal vez por eso no basta con destacar solamente la fidelidad a la naturaleza ("matrimonio fiel a la naturaleza"). Teóricamente, esta expresión es correcta, pero esta "fidelidad a la naturaleza" simple y fácil (especialmente en la forma en que la mayoría la comprende) entra en conflicto con el sistema de condiciones que ya conocemos y no encaja en el "nuevo modelo". La fidelidad a la naturaleza simple y sin complicaciones significaría un número de hijos que a menudo supera las fuerzas de las madres de hoy, agotadas, y de los padres que luchan por ganar lo suficiente para satisfacer las necesidades de la familia —aquí, también necesitamos escuchar sus voces, ya que no lo dicen sin razón—. Y si se plantea el postulado de la fidelidad a la naturaleza dentro del marco de la paternidad consciente, debemos darnos cuenta de que la "fidelidad a la naturaleza" por sí sola no es suficiente.

Si los cónyuges, siguiendo la fidelidad a la naturaleza, *tienen que practicar la abstinencia*, aunque sea solo periódicamente, entonces *la fidelidad a la gracia* debe ser puesta en primer plano. Esto delimita claramente una tensión interior de todo el problema. Por mucho que las expectativas morales de la Iglesia hacia los matrimonios se refieran esencialmente a la "fidelidad a la naturaleza", a nivel de la naturaleza caída se vuelven difíciles de aceptar y aún más difíciles de realizar. Además, cuando se presentan en forma de una prohibición pura, solo provocan oposición e incomprensión. Necesitan ser presentadas de manera diferente para que puedan ser recibidas de otra manera. Parece que la abstinencia conyugal (aunque solo sea temporal) es difícil de practicar si no está respaldada por una cierta, incluso modesta, búsqueda de la perfección disponible en el matrimonio, por una ascesis, incluso modesta, en la vida y en la relación. Si no asumimos tal posición, todo nuestro programa siempre seguirá creando malentendidos y se limitará a la controversia muy superficial sobre "¿Por qué la Iglesia permite un método de anticoncepción y no permite los otros?"

Dentro de toda esta cuestión hay un momento que me atrevería a calificar de "dramático". Puede parecer que, en toda la estructura de la vida conyugal, el pecado y la perfección corren de algún modo en paralelo, y que la línea divisoria entre ambos es muy delgada. Sin embargo, esto es, en realidad, una completa ilusión. Una pareja que vive conscientemente en fidelidad a la naturaleza, comparada con una que vive en pecado, no se diferencia solamente en que una practica el método de Holt[100] y la otra utiliza anticonceptivos. En cambio, existe una diferencia muy profunda en la manera de abordar la vida: de un lado hay un esfuerzo determinado—que no dudaré en llamar ascético—y del otro, un abandono total a los impulsos espontáneos y a las tendencias provenientes del entorno.

7. La Gracia Sacramental No es Solo una Teoría

---

[100] El Dr. Jan Holt, un médico neerlandés, era conocido por su "método de la temperatura de Holt" explicado en su libro *Matrimonio y Abstinencia Periódica*, 1963.

Debemos reconocer claramente que la gracia sacramental del matrimonio no es solo una teoría, sino un verdadero don del cual los esposos pueden —y deben— construir una cierta perfección cristiana, propia de su vocación y de la multilateral totalidad que constituye su vida conyugal. No dudaría en afirmar que los tiempos pasados han demostrado esta verdad; es cierto que más bien a través de ejemplos negativos, por la vía del contraste, sin embargo, lo han expuesto. Hoy, si queremos evitar malentendidos, aunque esto sea algo contrario a la realidad de los hechos, pero de la misma forma, también gracias a ellos, debemos pensar en la vida conyugal más en las categorías de la perfección cristiana. Los esposos deben ser conscientes de por qué se colocan sobre sus hombros cargas que a menudo son tan difíciles de llevar. Solo Cristo tiene el derecho de imponer cruces, ya que Él mismo llevó el peso de una—en el marco de la fidelidad a la naturaleza, estas cargas pueden resultar difíciles de comprender, y es un impulso natural tratar de liberarse de ellas.

La perfección cristiana consiste en el amor. El amor es también el fundamento moral del matrimonio. Por lo tanto, el matrimonio abre la posibilidad a la perfección cristiana. Mientras que el maniqueísmo y el puritanismo interpretan los problemas éticos y ascéticos trazando una línea divisoria entre "asuntos de la carne" y "asuntos del alma", el Evangelio nos impulsa a descifrar estos problemas de otra manera: "qué es amor (también en los asuntos de la carne) y qué no lo es". Lo que es amor también es perfección, incluso cuando ocurre en las áreas de la carne, y lo que no es amor no es perfección, aunque tenga un carácter muy espiritual.

Podemos estar de acuerdo en que lo que no es amor tiende a asumir "de forma paralela" la apariencia del amor, y es por eso que con tanta frecuencia nos encontramos con "lo que no es amor". Aquí es importante reflexionar bien sobre qué es causa y qué es efecto. ¿Es fácil encontrar imperfección y pecado en el matrimonio porque es simplemente un "estado de imperfección"? ¿O por el contrario — el matrimonio se vuelve imperfecto y pecaminoso porque dejamos de asociarlo con la idea y la posibilidad de la perfección?

Aquí hay una cuestión más. No debemos permitir que se arraigue en la mente, y especialmente en la voluntad de los esposos, la convicción de que su situación moral es desesperada dentro del marco de la ética católica. Sin embargo, esto es algo que ocurre con frecuencia: los esposos nacidos en determinadas generaciones y cuya vida conyugal es particularmente exhaustiva, a veces pasan muchos años sin acercarse al confesionario. Sus pecados no nacen únicamente de un aislamiento interior, sino también de diversas otras deficiencias en la vida moral y religiosa, las cuales deben ser atendidas primero para que el pecado desaparezca.

8. En Línea con la Realidad

¿Cuál es el sentido de todas estas reflexiones y pensamientos? El punto principal es sacar a la luz la verdad sobre el matrimonio. El hombre moderno se encuentra a menudo frente a este desafío esencial: "Me impones una carga insoportable, y al mismo tiempo la contrastas con este 'estado de perfección' en el que, quién sabe, tal vez sea más fácil vivir" (obviamente, esta argumentación cojea, pero al mismo tiempo está muy dentro de la medida del hombre). Ante todo, esta situación debe presentarse de manera honesta. Esto nos lleva a preguntarnos si todo nuestro modo de pensar sobre el matrimonio no está "muy por debajo" en relación con las exigencias tan altas que le imponemos. Tal vez lo mejor sea plantear la pregunta en un nivel completamente superior: asumir más para poder exigir más (justo lo que necesitamos). Pero entonces también debemos prepararnos más y acompañar más.

Sobre todo, es necesario presentar estas preguntas conforme a la verdad y de acuerdo con la realidad, porque, después de todo, la verdad siempre tiene un gran futuro por delante.

Analizando el Texto

Ahora nos acercamos al segundo texto complementario. ¿Todavía sigues con nosotros? ¡Maravilloso! Nos damos cuenta de que estos textos son profundos. Probablemente se podrían escribir varios libros sobre la profundidad de lo que San Juan Pablo II está expresando aquí. Sin embargo, por ahora, recorreremos el escrito y lo utilizaremos para ilustrar más sobre La Regla, de modo que podamos entender plenamente las intenciones de San Juan Pablo II en él.

Este segundo texto fue escrito en 1961, cuando San Juan Pablo II era obispo auxiliar de Cracovia. Es una reflexión sobre el matrimonio, que él afirma continuamente está basada en la experiencia pastoral que ha tenido con parejas casadas en sus luchas concretas y diarias. Reconocerás que ya hemos visto esto antes. Siempre enfatiza esta tensión entre lo Real y lo Ideal, o lo que él llama la "visión integral de la persona". Ve a cada persona siempre en dos instancias: quién es y quién está llamado a ser. San Juan Pablo II introduce la reflexión señalando la multitud de cambios tanto sociales y económicos, así como culturales e ideológicos que están ocurriendo en la sociedad. Debido a esto, afirma que necesitamos una nueva manera de entender y describir el matrimonio: "un nuevo modelo de matrimonio".[101] Su intento no será repetir temas ya comprendidos sobre el matrimonio, sino "hacer que la teología encuentre la

---

[101] *El Amor es la Base Moral del Matrimonio*, párrafos introductorios.

experiencia".[102] Sabiendo que el matrimonio es un sacramento, reconoce que la razón por sí sola no alcanzará su comprensión plena, sino que debemos encontrar nuestras respuestas también a través de la Revelación Divina.

Él tiene ocho subsecciones para este texto.

Sé Perfecto: En la primera sección, San Juan Pablo II guía nuestra atención hacia el Evangelio de Mateo, cuando Jesús dice: "Sed, por tanto, perfectos, como vuestro Padre celestial es perfecto" (Mt 5:48). Ve esto como un llamado universal a la santidad y a la perfección. Este llamado a la perfección, dice, solo puede realizarse a través del mandamiento del amor de Cristo, que no se le da solo a unos pocos escogidos. Debemos reconocer que hay un carácter universal en el llamado a la perfección.[103] Cómo se vive este mandamiento de amor en diferentes vidas depende de la propia vocación personal. Explica que el amor es una virtud teológica que une el alma a Dios. Este amor del alma hacia Dios dice, parece ser moralmente más hermoso que el amor entre dos personas. Sin embargo, estos dos elementos, el teológico y el personalista, están presentes en el mandamiento de amar y designan "el carácter total de la perfección cristiana".[104]

Estado de Perfección: Él procede a explicar el *Estado de Perfección* tal como ha sido entendido en el pensamiento cristiano. Un estado de perfección no

---

[102] *Ibid.*
[103] *El Amor es la Base Moral del Matrimonio, 1. Sed Perfectos.*
[104] *Ibid.*

garantiza que una persona alcanzará la perfección, ni supone que quien entre en dicho estado ya haya alcanzado la perfección. Significa que este estado en la vida está dirigido hacia la perfección. La vida de un religioso que ha tomado los votos de castidad, pobreza y obediencia vive dentro de un estado, o sistema de vida, "que es particularmente favorable para alcanzar la perfección descrita en el Evangelio".[105] Esta etiqueta de 'estado de perfección' excluiría a todos aquellos que no han tomado votos estrictos de los consejos evangélicos.

El Estado de Vida Matrimonial: La tercera sección afirma que, basándose en la explicación anterior, el matrimonio, como un 'estado de vida', no se consideraría un 'estado de perfección'. Esto es cierto porque, a diferencia del estado religioso, el matrimonio en su estructura básica no necesariamente predispone a la pareja hacia la santidad o la perfección cristiana. Sin embargo, San Juan Pablo II explica que "el estado de vida matrimonial ciertamente no excluye la perfección cristiana",[106] especialmente considerando la gracia que la pareja recibe del sacramento. De hecho, a la luz de "este regalo sobrenatural especial" del Sacramento del Matrimonio, reflexiona que la afirmación previa es quizás demasiado negativa. De hecho, "los cónyuges comienzan su nueva vida con un cierto don sobrenatural, en el que también existe la posibilidad plena de realizar la perfección cristiana",[107] incluso sin la ayuda de una predisposición a un cierto

---

[105] *Ibid.*, 2. *El Estado de Perfección.*
[106] *Ibid.*, 3. *El Estado de Vida Matrimonial*
[107] *Ibid.*

estado. Aunque el matrimonio sería excluido de un estado de perfección por los términos que nuestra tradición cristiana nos ha dado, San Juan Pablo II insiste en que "la unión de dos personas basada en el amor crea algunas posibilidades distintas para cumplir este mandamiento, el 'más grande', del cual depende realmente la perfección".[108] Los cónyuges pueden encontrar la santidad (la perfección cristiana) a través de su matrimonio.

La Perfección Cristiana en el Matrimonio: La siguiente sección reflexiona sobre por qué San Juan Pablo II ha elegido examinar el matrimonio de esta manera. La comprensión tradicional de los estados de vida y la exclusión del matrimonio de un estado de perfección, explica, han codificado en nuestro pensamiento una especie de minimalismo en lo que respecta al matrimonio y el caminar cristiano hacia la santidad. Aunque a menudo se exalta el matrimonio cuando se habla en referencia bíblica al amor de Dios hacia las personas humanas, muchos han tenido dificultades para llevar esta visión elevada del matrimonio a la realidad de un esposo y una esposa particulares, con todos sus desafíos únicos. Sin embargo, el ideal debe ser llevado a la realidad. Sugiere que quizás lo que hace esta tarea especialmente difícil es el desafío de que existen tantas personalidades diferentes en las parejas, cada una con sus propias tentaciones. Otro problema que plantea sobre por qué es difícil llevar la idea a la realidad es que ha habido "una especie de prejuicio relacionado con la cuestión de la carne, algún

---

[108] *Ibid.*

vestigio de maniqueísmo".[109] Algunos consideran que el espíritu es superior al cuerpo y no pueden percibir como sagrado nada que implique tan concretamente el cuerpo, como la sexualidad del esposo y la esposa. Hemos limitado nuestra idea del matrimonio, dice, al tratarlo como algo que se encuentra al límite del pecado y al no exigir santidad a las parejas en su vida diaria. Admite que, en el momento de escribir este texto, la comprensión del matrimonio como una posible vía hacia la santidad era profundamente carente en la preparación para el matrimonio.

La Necesidad de Salir del 'Callejón Sin Salida': San Juan Pablo II comienza a explicar una forma de salir de esta visión negativa sobre el matrimonio en la siguiente sección. El matrimonio está acorralado por todos lados en la sociedad moderna. Además de la visión minimalista del matrimonio proveniente de una comprensión más antigua, la perspectiva de la cultura contemporánea sobre el matrimonio está cambiando constantemente. Él advierte sobre el peligro de permitir que la fe sea "intimidada por la magnitud de los numerosos hechos"[110] y los artículos de prensa que intentan recrear la definición del matrimonio. (*Recuerda que él escribió esto en 1961; sin embargo, ¡cuán cierto es hoy! Quizás, incluso en mayor grado...*). Si queremos creer en el matrimonio como una institución sagrada, creada por Dios, que con la ayuda de la gracia de Dios puede llevar a una pareja a la santidad, dice, "no solo debemos asumir una fuerte convicción sobre las posibilidades de perfección en ese estado, sino

---

[109] *Ibid., 4. La Perfección Cristiana en el Matrimonio.*
[110] *Ibid., 5. La Necesidad de Salir del "Callejón sin Salida"*

también hacer el esfuerzo por ponerlas en práctica".[111] Él cree esto basándose en las experiencias de las que ha sido testigo y explica que esforzarse por la santidad y la perfección cristiana en el matrimonio son la única salida de este "callejón sin salida".

¿'Fidelidad a la Naturaleza' o 'Fidelidad a la Gracia'?: Esta siguiente sección presenta una discusión sobre cómo se debería mejorar la conversación acerca de la planificación familiar y la contracepción. (*Esta es una sección importante para ver lo Real y lo Ideal en una situación particular, al mismo tiempo que se comprende la enseñanza de* Humanae Vitae, *que se proclamó siete años después de que se escribiera este texto*). San Juan Pablo II explica que no podemos aceptar la visión no católica de permitir todas las opciones contraceptivas. No es porque no estemos de acuerdo con la idea de que una pareja casada deba ser libre para discernir el tamaño de su familia, sino debido a la moralidad conyugal inherente que subyace a tal pensamiento. Aquí explica que no basta con afirmar la ley natural y exigir a los matrimonios que sean fieles a la naturaleza. Aunque el argumento es correcto, no logra resonar porque no aborda las múltiples situaciones en las que se encuentran las parejas. La gente lo escuchará solo como insensible a las necesidades de la vida real. Explicando nuevamente desde la experiencia, señala que la fidelidad total a la naturaleza produciría familias extremadamente numerosas, y con el cambiante contexto socioeconómico, muchos padres encuentran esto como una carga legítima. Hacer esto:

---

[111] *Ibid.*

Significaría un número de hijos que a menudo supera la capacidad de las madres sobrecargadas de trabajo en la actualidad, y de padres que luchan por ganar lo suficiente para satisfacer las necesidades de la familia—aquí también necesitamos escuchar sus voces, ya que no lo dicen sin razón.[112]

Esta fidelidad a la naturaleza no es suficiente para esta nueva comprensión del matrimonio, de manera que pueda confrontar la ideología moderna.

Cuando las parejas deben practicar la abstinencia periódica, necesitan más fidelidad a la gracia que solo a la naturaleza. San Juan Pablo II enfatiza que aquí es donde radica la tensión. La Iglesia tiene razón al hablar de la fidelidad a la naturaleza, pero cuando una pareja se enfrenta a la práctica de la abstinencia periódica, esto no es suficiente. Tal enseñanza es difícil de aceptar y vivir en la naturaleza caída del hombre; necesitan fidelidad a la gracia. También explica que un simple veto contra la anticoncepción, sin una explicación del porqué, solo suscita malentendidos y oposición. Él dice: "Parece que la abstinencia conyugal (incluso solo temporal) es difícil de practicar si no está respaldada por una cierta, incluso modesta, búsqueda de la perfección disponible en el matrimonio".[113] Una pareja no podrá vivir auténticamente el matrimonio cristiano con alegría sin esforzarse por la santidad y la perfección cristiana como pareja, lo que en otros textos Wojtyła llamó espiritualidad conyugal. Finalmente,

---

[112] *Ibid.*, 6. *¿"Fidelidad a la Naturaleza" o "Fidelidad a la Gracia"?*
[113] *Ibid.*

insta al oyente a rechazar la noción de que la línea entre el pecado y la santidad en el matrimonio parece muy delgada. La pareja que elige seguir el camino de la santidad ha orientado su vida en la fe, mientras que los demás viven por impulsos y los principios cambiantes de la cultura moderna. Existe una gran distancia entre estas dos orientaciones.

La Gracia Sacramental No Es Solo Una Teoría: La séptima subsección se centra en el don sobrenatural de la gracia sacramental en el matrimonio como el elemento clave para poder alcanzar la perfección cristiana en el matrimonio. El nuevo modelo para entender el matrimonio debe enfocarse en la vocación de los cónyuges hacia la perfección cristiana, dice San Juan Pablo II. De esta manera, la pareja casada que decide seguir la enseñanza de la Iglesia sobre temas difíciles, como la anticoncepción, encontraría fuerza en el significado de su vocación y aprendería a invocar la gracia sacramental: "Los cónyuges deben ser conscientes de por qué se les imponen estas cargas, que a menudo son tan difíciles de llevar".[114] Solo a través de nuestra cristiandad podemos entender el matrimonio: "Solo Cristo tiene el derecho de imponer cruces, ya que Él mismo llevó el peso de una".[115] Sin esta visión y solo a la luz de los argumentos de la ley natural, la carga parece incomprensible y alguien podría intentar liberarse de ella. Explica que, dado que la perfección cristiana se forma por el amor y el amor también es la base moral del matrimonio, entonces "el matrimonio abre la posibilidad de la perfección

---

[114] *7. La Gracia Sacramental No Es Solo Una Teoría*
[115] *Ibid.*

cristiana".[116] A aquellos que postulan que las cosas del espíritu son más altas que las de la carne, les señala que deben ver todas estas cosas a la luz del Evangelio, que se centra en el amor. Él dice: "Lo que es amor es también perfección, incluso cuando ocurre en las áreas de la carne".[117] Lo contrario también es cierto: lo que no es amor, incluso si tiene un exterior que parece espiritual, no es perfección. Les pide a sus oyentes que se pregunten cuál es la causa y cuál es el efecto: ¿Los errores y las faltas morales que se encuentran tan a menudo en los matrimonios son una consecuencia del supuesto estado de imperfección, o surgen porque, al adoptar una visión negativa del matrimonio, hemos bajado nuestras expectativas y no hemos llamado a las parejas a cumplir el verdadero fin de su vocación en la perfección cristiana? (*Es una pregunta difícil pero necesaria para todos nosotros, especialmente para aquellos en ministerio matrimonial. ¿Hemos bajado los estándares, pensando que ayudamos cuando en realidad, como ha mostrado San Juan Pablo II, esto está despojando a sus matrimonios de lo que puede ayudarles a tener éxito: la búsqueda de la santidad? Esto definitivamente nos da algo en qué reflexionar.*)

En Línea con la Realidad: Esta es la octava y última subsección de esta reflexión. Concluye sus pensamientos explicando que debemos llegar a la verdad sobre el matrimonio y hacer que las teorías se integren en la vida real de los cónyuges comunes. Debemos cambiar nuestra perspectiva sobre cómo vemos el matrimonio. Si nuestra visión se mantiene en

---

[116] *Ibid.*
[117] *Ibid.*

un nivel básico y no ofrecemos a los cónyuges algo significativo, algo a qué aspirar, las cargas que les estamos imponiendo serán, en efecto, demasiado grandes. En cambio, "asumamos más para poder exigir más (tanto como necesitemos)".[118] Cuando las parejas tienen una razón para aspirar a la santidad, las cargas serán más fáciles de soportar. Afirma que la preparación para el matrimonio debe organizarse para explicar esto y brindar una mayor ayuda a las parejas comprometidas.

---

[118] *Ibid., 8. En Línea con la Realidad.*

Una Nota Sobre los Capítulos Siguientes

Ahora, volvemos a centrar la atención en La Regla. ¡Hay tanta sabiduría concentrada en estos dos documentos! Para ayudarnos a profundizar en lo que significa vivir La Regla, hemos recopilado la sabiduría dispersa a lo largo de estos documentos y la hemos organizado según cada uno de los temas incluidos en La Regla: Comunidad, 'Lo Real y lo Ideal', *Humanae Vitae*, Unidad Matrimonial, Moralidad Cristiana, Espiritualidad Conyugal, Estudio del Matrimonio, Apostolado y Oración.

Al hacer esto, esperamos comprender más claramente la visión de San Juan Pablo II para los Grupos de Matrimonios que viven según La Regla. Ésta tiene la clave para profundizar en el amor divino y revelar la alegría duradera. Que Dios abra nuestras mentes y nuestros corazones para permitir que el amor que Cristo entregó por Su esposa permeé nuestros propios matrimonios y nos lleve más profundamente al corazón del Padre. Como dijo San Juan Pablo II, oramos por cada pareja para que "las enseñanzas integrales de Jesucristo sobre el matrimonio y la familia, proclamadas por la Iglesia, puedan cumplirse en su vida matrimonial con plena comprensión y pleno amor".[119]

---

[119] *La Regla*, 4.

10

COMUNIDAD Y COMPROMISO
LA REGLA,, #1, #6

Escribir La Regla en sí misma confirmó la necesidad de la comunidad. La Regla no está destinada a que las parejas la profundicen de manera aislada; está diseñada para formar *Grupos* de Matrimonios. Nos necesitamos unos a otros si vamos a mantenernos firmes ante la avalancha de la cultura secular. Cuando nos apoyamos mutuamente, no estamos solos y el camino se vuelve un poco más fácil. Juntos en Cristo, encontramos nuestra fuerza; somos elevados por encima de la lucha.

¿Por qué es necesaria la comunidad para alcanzar la alegría? ¿No puede una pareja simplemente tomar los temas básicos de La Regla e implementarlos en su propio matrimonio sin unirse a ningún tipo de grupo? Según San Juan Pablo II, no pueden. Pueden intentarlo, pero no tendrán éxito en encontrar la alegría duradera que buscan. En esta era postcristiana, se enfrentarán en soledad a un asalto diario de otros sistemas de valores y opiniones antiéticas. ¿Sería exitoso un ejército enviando a sus tropas una a una hacia las líneas enemigas? No. Hay algo que decir sobre la fortaleza en los números.

El enfoque de este libro es comprender La Regla y utilizar estos textos que son nuevos para el mundo de habla inglesa e hispana (y que, por lo tanto, ofrecen una luz única y fresca) para resaltar lo que San Juan Pablo II pretendía para los Grupos de Matrimonios. Sin embargo, sería un descuido no mencionar que se puede encontrar mucho sobre su explicación de las personas *llamadas a la comunión*, la cual es un reflejo de la Santísima Trinidad, a quien él ha llamado una *Comunión Divina de Personas*. Por mucho que amemos todas sus ricas enseñanzas de su vida y de su pontificado, no podemos abordar todos estos aspectos aquí. Los animamos a leer sus abundantes escritos sobre todos estos temas. El alcance de este libro se limita a presentar La Regla.

Vivir un matrimonio cristiano auténtico requiere de una virtud heroica. Para vivir esa virtud heroica se necesita comunidad.

Como hemos visto en la parte 1, incluso hace cincuenta años la cultura se oponía a la verdad del matrimonio. Observa cuán hostil es ahora la cultura. Y esta hostilidad no se refiere únicamente a la enseñanza de *Humanae Vitae*, sino a la verdad del matrimonio proclamada por Jesucristo y enseñada por la Iglesia Católica: el pacto matrimonial de por vida entre un hombre y una mujer. San Juan Pablo II afirma que es más difícil vivir la fe en la actualidad que hace algunas generaciones, cuando la cultura general apoyaba, más o menos, la moralidad cristiana. Él dijo que la forma en que los cristianos han vivido ya no será suficiente para sostener su cristianismo en el mundo moderno:

> Es realmente más importante darse cuenta de que las nuevas condiciones socioeconómicas requieren, simplemente, *una cultura de la persona aún más alta* para que el matrimonio y la familia puedan vivir en los niveles morales necesarios para su carácter humano y cristiano.[120]

Vivir como cristiano en nuestro mundo contemporáneo, dijo San Juan Pablo II, exige virtud heroica. En otro momento, él reitera que vivir un matrimonio auténticamente cristiano:

> ... Subjetivamente *exige una perfección moral mucho mayor* de aquellos que entran en él; de hecho, requiere un esfuerzo mayor para alcanzar y preservar esa perfección moral *más que nunca*.[121]

Si los matrimonios necesitan alcanzar un nivel de moralidad aún más alto, ¿cómo pueden sostener tal virtud? Él responde: a través del apoyo de una comunidad auténticamente cristiana.

Vivir a un nivel de virtud heroica por cuenta propia, incluso como matrimonio, aunque pueda ser posible, resulta difícil y espiritualmente agotador. San Juan Pablo II sabía que este camino podría hacerse más

---

[120] *Reflexiones sobre el Matrimonio, 3. Economía y Personalismo.* Énfasis agregado.
[121] *Ibid.* Énfasis agregado.

fácil con el apoyo de una comunidad católica. La Regla, además de confirmar la necesidad de la comunidad, la pone en práctica.

Al principio de nuestro matrimonio, sentíamos un profundo deseo de servir a la Iglesia en el ámbito del matrimonio y la familia. En lugar de buscar empleos y asentarnos, decidimos mudarnos a Roma. *¡Qué maravilloso será esto!* pensamos. Imaginamos una experiencia romántica viviendo en Italia como recién casados, mientras perseguíamos este gran anhelo espiritual. La realidad, sin embargo, resultó ser muy diferente. Conseguimos un apartamento en las afueras de Roma, rodeados de encantadores italianos. Pero cuando nadie habla tu idioma, la sensación de aislamiento es abrumadora. No podíamos comunicarnos fácilmente con nadie. Internet no era lo que conocemos hoy, y Facebook y las redes sociales no existían. Nuestros horarios de clases no coincidían y solo nos veíamos como barcos que pasan en la oscuridad. La adaptación a nuestra vida como esposos se complicó aún más al no contar con nadie más a quien recurrir. En lugar de experimentar un camino de amor, comenzamos a ver solo las dificultades.

Ninguno de los dos podía hacer nada bien a los ojos del otro. Habíamos cruzado el mundo para servir a Dios, y aquí estábamos, lavando nuevamente los platos del otro o volviendo a doblar los calcetines porque el otro no lo hacía correctamente, discutiendo por cada pequeño detalle. Nos estábamos volviendo locos el uno al otro. Fue un momento de humildad, pero era la realidad, y comprendimos algunas cosas:

- Que nuestro cónyuge no podía cumplir con todas nuestras necesidades; solo Dios podía hacerlo. (Podrías pensar que esto sería obvio, pero esas nociones de "príncipe azul" y "felices para siempre" se cuelan en tus pensamientos).
- Que necesitábamos amistad.

Si una comunidad no existe, debe ser creada.

Algunas personas afortunadas ya cuentan con esa comunidad a su alrededor. Sin embargo, incluso entre las comunidades cristianas (y especialmente en la sociedad moderna en general), San Juan Pablo II señala que ha surgido una pérdida en la comprensión de la dignidad y la visión integral de la persona. Él afirma que una comunidad debe defender la dignidad de la persona y ver a cada individuo en esos dos momentos: quiénes son y quiénes están llamados a ser. Esto es lo que él llama la visión integral de la persona. Necesitamos una comunidad capaz de conectar con una persona en esa realidad, de simpatizar con sus luchas y desafíos, y de escucharla verdaderamente. Al mismo tiempo, esta comunidad debe llamarla a la santidad y mostrarle la grandeza de su vocación. Si tal comunidad no está presente, entonces es necesario formar una comunidad que promueva la cultura de la persona:

> ... Cuando la cultura de la persona disminuye en la sociedad... no existen medios para la propedéutica del matrimonio, más que crear comunidades en

las que la cultura de la persona pueda desarrollarse.[122]

La comunidad proporciona el ambiente en el que la pareja recién casada encuentra amistad y apoyo enriquecedor en la fe. Debe ser un entorno donde las parejas puedan aprender y crecer. De hecho, San Juan Pablo II afirma que la responsabilidad de formar y preparar a las parejas para el matrimonio no es únicamente tarea de los catequistas de matrimonio, sino una responsabilidad de toda la comunidad. Su experiencia con la comunidad *Środowisko* indudablemente confirmó esto.[123]

Sam, un esposo de un grupo de matrimonios del WCI, nos compartió lo siguiente:

Después de casi un año de reunirnos con los demás matrimonios en nuestro grupo, mi trabajo me obligó a ausentarme durante un par de meses. Aunque seguí orando por el grupo, las demás parejas y sus familias, retirarme fue difícil. No solo extrañaba la convivencia, la discusión, la amistad y el apoyo de esa comunidad cristiana llena de fe, sino que también empecé a sentir un distanciamiento en mi propio matrimonio.

Aunque no lo reconocí de inmediato, el Señor me estaba mostrando la realidad concreta del

---

[122] *Ibid., 2. La Educación Para el Matrimonio – la Cultura de la Persona.*
[123] Parte 1, capítulo 3.

entorno comunitario que sostenía el crecimiento y desarrollo de nuestro matrimonio y nuestra espiritualidad conyugal.

Reintegrarme a ese Grupo de Matrimonios, aunque a veces se sintió incómodo, me hizo consciente de lo que me había estado perdiendo y me ayudó a comprender la verdad de La Regla de San Juan Pablo II. Fue una experiencia que hizo evidente la importancia de la comunidad para "apoyar la dignidad de la persona en todo lo que hacemos" y también para auxiliar a la pareja y a los otros matrimonios.

La Regla explica exactamente cómo deberían ser estas comunidades.

Al revisar La Regla, podemos ver los elementos importantes de una comunidad cristiana según la comprensión de San Juan Pablo II. Llevarían vidas santas de acuerdo con las normas morales cristianas y los Diez Mandamientos, y buscarían formas de encarnar el espíritu de los consejos evangélicos. Se apoyarían mutuamente en la oración, la fraternidad y el crecimiento espiritual. Continuarían expandiendo su educación en la verdad sobre el matrimonio y la familia, y orarían para que esta verdad fuera conocida por los miembros de su grupo, en la Iglesia y en el mundo. Más que esto, la comunidad también debe extenderse amorosamente hacia afuera a través de un apostolado. No se trata de una comunidad improvisada, sino que es creada con un propósito, ya que cada miembro hace una promesa escrita de su compromiso.[124] El padre Kwiatkowski denomina a los grupos de *Humanae Vitae*, diseñados por La Regla, "una comunidad viva de cónyuges" que da testimonio de la verdad del matrimonio en el amor y establece que estas comunidades de cónyuges son, según las palabras del cardenal Wojtyła:

> ... Un equivalente a un seminario diocesano, un equivalente a un noviciado para las parejas y familias; un equivalente quizás no del todo suficiente, pero que ciertamente real.[125]

Esta comunidad es una familia de familias.

San Juan Pablo II reconoció que estas comunidades no serán perfectas y, al igual que en toda familia numerosa, enfrentarán desafíos; sin embargo, son necesarias para vivir vidas cristianas fieles en un tiempo que exige una moralidad más alta. Estas comunidades deben seguir defendiendo la cultura de la persona. Lo que él llama la "cultura de la persona" abarca la dignidad de cada individuo (el respeto por

---

[124] *La Regla*.

[125] Grygiel, 17, "secondo le parole del Cardinale Wojtyła: 'un certo equivalente del seminario diocesano, un equivalente del noviziato riguardo alle coppie e le famiglie; un equivalente magari ancora non del tutto sufficiente, ma tuttavia reale'".

cada persona sin importar su situación) y la visión integral de la persona (ver a cada individuo "constantemente en dos momentos: quién es y quién está llamado a ser",[126] y, por lo tanto, vivir en la tensión del caótico intermedio entre encontrarse con las personas en la realidad de la vida y, al mismo tiempo, llamarlas a la santidad al mostrarles el gran amor para el que Dios las ha creado [es decir, el Real y el Ideal]). El futuro del matrimonio depende del apoyo de cada persona en estas comunidades cristianas:

> ... El futuro del matrimonio, el futuro de cada uno de los matrimonios depende de todos y cada uno de nosotros, del nivel de cultura de la persona que hay en cada uno.[127]

Nosotros sentimos este profundo deseo de comunidad cuando estuvimos por primera vez en Roma. Y no solo era un deseo, sino una afirmación de que *necesitábamos* la amistad cristiana de los demás para crecer en santidad. Gracias a Dios poco a poco encontramos a otros matrimonios que también estudiaban teología, y comenzamos a construir amistades sólidas. El poder compartir nuestras dificultades con otros amigos enfocados en vivir y estudiar la fe, hizo un mundo de diferencia. Simplemente escuchar que no estábamos solos, y que otros enfrentaban luchas similares, nos levantó el ánimo. Todos compartíamos las situaciones ridículas de nuestras vidas y nos reíamos a carcajadas. Estos

---

[126] *Reflexiones Sobre el Matrimonio, 2. Educación Para el Matrimonio - la Cultura de la Persona.*

[127] *Reflexiones Sobre el Matrimonio, 2. Educación Para el Matrimonio - la Cultura de la Persona.*

mismos amigos también se reunían para asistir a Misa y celebraban juntos los días festivos. A través de esta pequeña comunidad de amigos, encontramos el valor para continuar, y el amor irrumpió en nuestras vidas.

La comunidad es necesaria para la espiritualidad conyugal.

Es la comunidad la que ayuda a respaldar a cada matrimonio mientras se esfuerzan, apoyándose en la gracia, por la perfección cristiana y a medida que crecen en su propia espiritualidad conyugal. Esto les permite no solo vivir una vida santa, sino también hacerlo con una alegría duradera.

11

LO REAL Y LO IDEAL: *LA VISIÓN INTEGRAL DE LA PERSONA* LA REGLA, #1

Habiendo leído la parte 1 y la introducción a los textos complementarios, has visto que este tema aparece con frecuencia. Lo que San Juan Pablo II llamó la "visión integral de la persona" nosotros lo hemos denominado *Lo Real* y *Lo Ideal*. Se trata de ver a la persona humana en su totalidad, y, por lo tanto, no solo verla tal como es ahora, sino también tener siempre en mente quién está destinada a ser. Cuando el primer punto explica que esta Regla proviene de experiencias reales de matrimonios en el ministerio pastoral de Wojtyła, se enfatiza que no podemos separar la teología (el Ideal) de nuestra experiencia (lo Real). Debemos tener ambas partes en mente en todo momento. Debemos ver a cada persona "constantemente en dos momentos: *quién es* y *quién está llamado a ser*".[128] Debemos detenernos y reconocer los

---

[128] *Reflexiones sobre el Matrimonio, 2. Educación Para el Matrimonio – la Cultura de la Persona.*

desafíos reales que otros están experimentando (lo Real). Sin embargo, mientras empatizamos, escuchamos y cuidamos a los cónyuges en su realidad, no los dejamos allí. Nos llamamos unos a otros amorosamente a la santidad (el Ideal).

Esto es importante para nosotros especialmente porque alguna vez tuvimos la experiencia de ser invitados a un grupo de parejas y sus familias, y nos sentimos totalmente fuera de lugar. Llegamos con grandes esperanzas de unirnos a un grupo de matrimonios que querían vivir realmente su fe, pero nos sorprendimos un poco cuando llegamos allí. Nadie se acercó a darnos la bienvenida. Theresa se sintió incómoda porque todas las mujeres tenían un estilo de vestir particular, y ella no encajaba ahí, lo cual era muy evidente. Nadie intentó aliviar nuestra incomodidad o "integrarnos" para explicarnos lo que estaba sucediendo o cómo participar. Sentíamos las miradas de la gente, pero nadie nos sonreía. Parecía que no éramos lo suficientemente santos para estar en su grupo. Recordamos haber pensado en lo sombrío que parecía todo el mundo, aunque ellos tenían un aire de santidad y autosuficiencia. Intentamos iniciar conversaciones, pero fuimos tratados como forasteros. Parecían personas agradables en general y probablemente no se daban cuenta de cómo se estaban proyectando a los demás, pero comenzamos a contar los minutos para poder salir de ese lugar lo más pronto posible sin perder la gracia. Cuando nos fuimos, tuvimos una conversación justo en ese momento sobre la posibilidad de alguna vez dirigir un grupo, y cómo todos serían bienvenidos. La alegría sería el objetivo y ser auténticos sería tan importante como esforzarse por la santidad. Porque, seamos honestos, nunca llegaremos a ser santos si no somos lo suficientemente humildes para reconocer nuestro "ser real".

La *persona* humana es el sujeto desde cuyos ojos debemos intentar ver.

El personalismo fue importante para San Juan Pablo II. El 'personalismo' es una categoría filosófica en la que se confrontan todas las verdades objetivas con el sujeto: la persona. Y si podemos ampliar nuestra mente para intentar ver a los cónyuges a través de sus ojos, a través del lente de la visión personalista de San Juan Pablo II sobre el ser humano, entramos en la tensión del misterio de la humanidad. Nuestras vidas no son cosas ordenadas, limpias y fáciles de explicar. Somos complicados y desordenados. Por ejemplo, cuando los teólogos debatieron por primera vez sobre *Humanae Vitae*, hubo muchos argumentos profundamente intelectuales; sin embargo, parece que se reducía a dos grupos. Por un lado, había quienes miraban al hombre tal *como es*. Argumentaban que era demasiado difícil y que la vida es muy dura. Por otro lado, había quienes veían al hombre tal como *debe ser*. Argumentaban que esta enseñanza era teológicamente cierta debido a la ley natural y que debía ser seguida. Sin embargo, este argumento podía resultar frío parecía desconocer las luchas de las parejas reales. San Juan Pablo II nos invita a ver a cada persona en ambas instancias: quiénes son y quiénes estamos llamados a ser. Solo cuando nos sintamos cómodos con lo incómodo, y solo cuando seamos empáticos y cuidemos a los demás en sus situaciones actuales sin juicio, y solo cuando orientemos nuestras vidas y animemos a otros a esforzarse por la santidad y la perfección cristiana, podremos construir la cultura de la persona. Vamos a profundizar un poco más en la visión personalista de la humanidad de San Juan Pablo II. ¿Significa esto que desestimamos la verdad? No. Solo la verdad nos hará libres. Sin embargo, significa que primero aceptamos a la persona, tal como es, y luego la llamamos a la verdad.

Lo Real y Lo Ideal nos lleva a la tensión imperfecta entre nuestros desafíos cotidianos y el ideal que Dios tiene para nosotros.

San Juan Pablo II explica que, siendo persona, el hombre es siempre "espiritualmente individualizado y libre",[129] lo que significa que tiene un intelecto y voluntad libre. El hombre, en su totalidad, es un espíritu encarnado, y todo lo que hace, lo hace como persona. Esta visión personalista del hombre contempla a la persona humana como un todo: en su cuerpo y en su espíritu, en quién es y en quién está llamado a ser. Él afirma esta visión integral al explicar que sus ideas provienen de experiencias reales de matrimonios (el hombre tal como es) y que uno debe

---

[129] *Reflexiones sobre el Matrimonio.*, *1. En los Fundamentos del Personalismo, a. El Orden de la Persona.*

"hacer que la teología encuentre la experiencia".[130] Sin embargo, no se queda únicamente en el ámbito de la experiencia, sino que equilibra esta visión total exhortando al hombre a siempre aspirar al ideal (el hombre como está llamado a ser): "hay una recomendación, o incluso una obligación, de perseguir la perfección".[131] Se genera una tensión en esta visión del hombre que yuxtapone las dificultades y luchas diarias de cada persona humana particular con el ideal de lo que Dios ha llamado al ser humano a ser en la perfección cristiana y la santidad.

Podemos sentir esta tensión cuando somos sinceros con nosotros mismos. Ver nuestras propias fallas requiere humildad y paciencia. Incluso San Pablo dice: "No entiendo lo que hago. Porque lo que quiero hacer, no lo hago, pero lo que odio, eso hago", (Rom 7:15). ¿Alguna vez tienes esa sensación cuando estás avanzando en tu vida espiritual y alguien te confronta con una falta? Quizás cometiste esa ofensa involuntariamente o fue algo que dijiste, y sientes que el corazón se te hunde en el estómago. Inmediatamente se apodera de ti una especie de pánico. Te das cuenta de que fue tu culpa, pero nunca tuviste la intención de lastimar a alguien; aun así, lo hiciste. Sentir nuestras propias debilidades puede agobiarnos y deprimirnos. La paciencia es necesaria para vivir en esta tensión entre lo real y lo ideal, como dice San Padre Pío:

---

[130] *El Amor es la Base Moral del Matrimonio,* párrafos introductorios.
[131] *Ibid.*

El que aspira al puro amor de Dios, no necesita tanto tener paciencia con los demás cuanto tenerla consigo mismo. Para conquistar la perfección, se necesita tolerar las propias imperfecciones. Te digo que las toleres pacientemente, pero eso no significa que debas atesorarlas o acariciarlas. La humildad se nutre a través de este sufrimiento... nuestras imperfecciones, hijo mío, estarán con nosotros hasta que muramos; no podemos caminar sin tocar el suelo.[132]

El matrimonio no puede ser discutido solo de forma teórica ya que es una realidad práctica que cambia rápidamente, en especial considerando la unión en una sola carne entre marido y mujer.

Ahora llevemos esta visión de la persona a la comprensión de lo que es el matrimonio. Al observar el matrimonio a través de esta lente, no se puede pasar por alto *la realidad* de la fusión entre la carne y el espíritu dentro de la relación entre esposo y esposa. Como explicó San Juan Pablo II, es precisamente porque el estado del matrimonio implica una acción poderosa del cuerpo en su unión sexual que no se puede simplemente teorizar sobre el matrimonio solo en el sentido espiritual. Cuando un hombre ama a una mujer, es un acto de una persona hacia otra persona, y como tal, debe elevarse a la dignidad de la persona

---

[132] Gianluigi Pasquale, *Padre Pio's Spiritual Direction for Every Day (La Dirección Espiritual del Padre Pío para Cada Día)*, (Franciscan Media: Cincinnati, 2011), 107.

(según se entiende en esta visión integral). No solo su amor ideológicamente, sino también cada aspecto de su matrimonio debe elevarse a la dignidad de la persona. Puede que sea más simple ver el matrimonio solo teórica o únicamente en lo que se refiere directamente a Dios. Sin embargo, este es precisamente el pensamiento que San Juan Pablo II dice que no es suficiente: "La idea [del matrimonio] necesita convertirse en realidad".[133] A medida que buscamos crecer en nuestros propios matrimonios y alentar a otras parejas, existe un acto constante de equilibrio al incorporar ambas partes de la visión de la persona: lo real con lo ideal.

Incluso como sacerdote, San Juan Pablo II no temía abordar problemas reales, lo que demuestra una genuina sensibilidad hacia las preocupaciones de mujeres y hombres mientras sacan adelante a sus familias. Cuando menciona las presiones particulares que enfrentan una madre y un padre, comenta que: "También necesitamos escuchar sus voces, ya que no lo dicen sin razón".[134] Sin embargo, tampoco teme llamar a estas parejas a la perfección cristiana, pues afirma que el matrimonio puede mantenerse de una manera auténticamente cristiana "solo con la condición de *esforzarse hacia la perfección*".[135]

El obispo Wojtyła trató el tema de la anticoncepción en el contexto de la dignidad

---

[133] *Ibid., 4. La Perfección Cristiana en el Matrimonio.*
[134] *Ibid., 6. ¿"Fidelidad a la Naturaleza" o "Fidelidad a la Gracia"?*
[135] *Ibid., 5 La Necesidad de Salir del "Callejón Sin Salida"* Énfasis agregado.

de la persona siete años antes de que se
escribiera *Humanae Vitae*.

Él explica que no podemos aceptar la perspectiva
no católica de permitir todas las opciones
anticonceptivas. No es porque no estemos de acuerdo
con la idea de que un matrimonio deba ser libre para
discernir el tamaño de su familia, sino por la moralidad
inherente que subyace a tal pensamiento. Aquí explica
que no basta con afirmar la ley natural y exigir a los
matrimonios que sean fieles a la naturaleza. Esto sería
mirar solo el ideal sin tener en cuenta lo real. Aunque
el argumento es correcto, no encontrará eco, ya que no
aborda las situaciones multifacéticas en las que se
encuentran las parejas. La gente lo percibirá solo como
insensible a las necesidades de la vida real.

Explicando nuevamente desde la experiencia,
señala que la fidelidad total a la naturaleza produciría
familias numerosas y, con la cambiante cultura
socioeconómica, muchos padres encuentran que esto
representa una carga legítima. Hacer esto "significaría
un número de hijos que a menudo excede la fortaleza
de las madres sobrecargadas de hoy en día y de los
padres que luchan por ganar suficiente para satisfacer
las necesidades de la familia—aquí, también
necesitamos escuchar sus voces".[136] Esta fidelidad a la
naturaleza, o el hecho de mirar solo lo ideal, dice él, no
es suficiente para esta nueva comprensión del

---

[136] *Ibid., 6. ¿"Fidelidad a la Naturaleza" o "Fidelidad a la Gracia"?*

matrimonio, ya que debe tener en cuenta las necesidades de la persona.

Puede ser fácil aplicar nuestra propia experiencia a los demás. Si bien esto puede ayudarnos a empatizar con otros, debemos resistir la idea de que lo que mejor funciona para nosotros debe ser lo mejor para todos. El desafío es acompañar a cada pareja en su propia realidad y evitar minimizarla o recurrir a afirmaciones simplistas de lo que "deberían hacer", ya que no conocemos sus luchas internas. Escucharlos es la clave.

La gracia del sacramento del matrimonio nos da la fuerza para vivir según el camino de Dios.

San Juan Pablo II no rechaza los argumentos de la ley natural, pero dice que debemos ser sensibles a las necesidades reales de las parejas también. Sin embargo, no las deja en sus dificultades. Asegura que cuando las parejas deben practicar la abstinencia periódica, necesitan ser fieles a la gracia más que simplemente fieles a la naturaleza. Él sigue llamándolas al ideal, pero lo hace de una manera que incorpora y es sensible a sus luchas en la vida real. San Juan Pablo II enfatiza que aquí es donde radica la tensión. La Iglesia tiene razón al hablar de la fidelidad a la naturaleza, pero cuando una pareja se enfrenta a la práctica de la abstinencia periódica, esto no es suficiente. Tal enseñanza es difícil de aceptar y llevar a cabo en la naturaleza caída del hombre; necesitan fidelidad a la gracia. Así es como equilibra lo real y lo ideal—mediante la gracia que se encuentra en el sacramento del matrimonio.

Él también explica que una simple prohibición a utilizar la anticoncepción, sin una explicación sobre por qué, solo provoca malentendidos y oposición. Nuevamente, esto desatiende sus experiencias como personas. Y, sin embargo, siempre los dirige hacia la santidad y la perfección cristiana. Él dice: "Parece que la abstinencia conyugal (incluso si solo es temporal) es difícil de practicar si no está respaldada por una búsqueda cierta, incluso modesta, de la perfección disponible en el matrimonio".[137] En otras palabras, una pareja no podrá vivir auténticamente un matrimonio cristiano con alegría sin esforzarse por la santidad y la perfección cristiana como pareja (es decir, la espiritualidad conyugal).

Recientemente escuchamos una homilía que presenta esto desde una perspectiva diferente, brindándonos un tipo de cambio de paradigma al respecto. El sacerdote preguntó si seguimos los caminos de Dios por obligación o por amor. Podemos seguir las enseñanzas de la Iglesia porque 'tenemos que hacerlo' o porque amamos a Dios y queremos acercarnos más a Él. Cuando una pareja en discernimiento decide que necesita posponer la concepción de un hijo y debe asumir la cruz de la abstinencia en ciertos momentos, ¿lo hace por obligación? Esto parecería alinearse con lo que San Juan Pablo II llamó la fidelidad a la naturaleza. ¿O se regocijan al tener otra cruz que ofrecerle a Dios con

---

[137] *Ibid.*

amor? ¡Esto definitivamente es un desafío! Alegrarse ante cualquier cruz es un reto. Sin embargo, esta es la fidelidad a la gracia y el esfuerzo por la santidad que harían posible el regocijo ante una cruz. No se trata de buscar cruces, sino de que, cuando una aparece, como siempre sucede en la vida, aprovechamos la oportunidad de ofrecerla a Dios con amor.

Jesús nos dijo que habría cruces e incluso dijo: "Si alguno quiere venir en pos de mí, niéguese a sí mismo, y tome su cruz, y sígame" (Mt 16:24). Sin embargo, por nuestros propios esfuerzos humanos, esto es imposible. Aquí es donde la gracia es necesaria. ¡Dios nos da su propia vida para ayudarnos a amar como Él ama! Escuchemos al apóstol San Pablo: "Pero él me dijo: 'Mi gracia te basta, porque mi poder se perfecciona en la debilidad'. Por tanto, me gloriaré aún más en mis debilidades, para que el poder de Cristo repose sobre mí". (2 Cor 12:9).

> Cuando las parejas vean la hermosa cercanía que es posible tener con Dios en el matrimonio, las cargas serán más fáciles de llevar.

Esta necesidad de equilibrio entre lo real y lo ideal queda clara cuando San Juan Pablo II titula una de sus secciones *En Línea con la Realidad*. Él dice que debemos llegar a la verdad sobre el matrimonio y llevar las teorías a la vida real de los cónyuges ordinarios. Debemos cambiar nuestra perspectiva sobre cómo vemos el matrimonio. Si nuestra visión permanece en un nivel básico y no llevamos a los cónyuges a aspirar a algo mucho mayor, las cargas que les pedimos serán, de hecho, demasiado grandes. En cambio, "asumir más para poder exigir más (tanto como lo necesitamos)"[138]. Cuando las parejas tienen una razón para aspirar a la santidad, las cargas serán más fáciles de soportar. Debemos reconocer y afirmar consistentemente las luchas cotidianas de la vida real, mientras orientamos a las parejas hacia la santidad. Este esfuerzo por la santidad es cómo se vive con alegría la realidad de la vida.

Steve y Allison, una pareja en un Grupo de Matrimonios del WCI, comparten lo siguiente:

> Reflexionando sobre lo real (quién es el hombre) y lo ideal (quién está llamado a ser el hombre) desde La Regla, no podemos evitar pensar en cómo el plan de Dios para nuestra familia es completamente diferente de nuestro plan. Nuestro plan (el ideal) era tener hijos lo antes posible y tantos como fuera posible. Queríamos llenar nuestro hogar y compartir nuestras bendiciones con ellos. El plan de Dios (lo real) ha sido todo lo contrario. Si bien tuvimos la bendición de concebir un hijo (el ideal), perdimos a nuestro pequeño John Cecilia después de once semanas (lo real).

> Desde entonces, no hemos podido concebir ni adoptar a un hijo. Y aunque esta realidad nunca fue parte de nuestro plan, hemos sido

---

[138] *Ibid., 8. En Línea con la Realidad*

bendecidos con la gracia de aceptar el plan de Dios para nosotros. Hemos descubierto una paternidad espiritual que ha sido, en muchos aspectos, muy gratificante. Las siguientes citas de San Josemaría Escrivá de Balaguer nos han traído mucho consuelo mientras continuamos en este camino:

"Muchas veces el Señor no da hijos porque *pide más...* no hay, pues, motivo para sentirse fracasados... Si los esposos tienen vida interior, comprenderán que Dios les urge, empujándoles a hacer de su vida un servicio cristiano generoso, un apostolado diverso del que realizarían en sus hijos, pero igualmente maravilloso...

Dios premia siempre, dando a sus almas una honda alegría, a los que tienen la generosa humildad de no pensar en sí mismos".

"Dios en su providencia tiene dos maneras de bendecir los matrimonios: una, dándoles hijos; y la otra, a veces, porque los ama tanto, no dándoles hijos. No sé cuál es la mejor bendición". [139]

---

[139] Josemaría Escrivá, citado en https://escriva.org/es/conversaciones/la-mujer-en-la-vida-del-mundo-y-de-la-iglesia/ y *Ordinary Work, Extraordinary Grace: My Spiritual Journey in Opus Dei by Scott Hahn, p. 102* (Trabajo Ordinario, Gracia Extraordinaria, Mi Camino Espiritual en el Opus Dei por Scott Hahn, p. 102)
Nota del editor: Desde que se escribió esta reflexión, esta pareja ha dado la bienvenida a su hermosa bebé adoptada, nacida en la

La visión integral de la persona consiste en
mantener el equilibrio entre estar atentos a las
necesidades diarias de nuestra familia, a pesar
de los desafíos, y la continua búsqueda de
Dios.

Esta puede parecer una idea incómoda. ¿Cómo
pueden el esposo y la esposa vivir en paz con esta
tensión entre lo real y lo ideal? Es más fácil irse hacia
un extremo. Sin embargo, es más difícil estar abiertos a
Dios en esos extremos. La vida sobreespiritualizada
que no admite las luchas no permite que Dios los
ayude en esas luchas. No pueden avanzar
espiritualmente si no ven dónde están en el presente.
Tampoco puede hacerlo la pareja que se rinde en la
búsqueda del ideal, porque lo considera imposible. Es
en el desorden del punto medio donde nos sentimos
vulnerables y temerosos y donde vemos nuestras
fallas, pero nunca dejamos de suplicar por el amor
misericordioso de Dios, y es ahí donde Dios puede
obrar de maneras asombrosas. Los cónyuges pueden
encontrar fuerza en Jesucristo. Es aquí donde se
encuentra el poder, porque Su encarnación "no tuvo
lugar como una forma de acusación en contra de la
humanidad, sino más bien para su justificación, o
como un medio para sacarla de la devaluación original
y la debilidad a la que los humanos se aferran con tanta

Fiesta de Nuestra Señora de Fátima. ¡Es asombroso lo que puede
hacer Dios en nuestras vidas cuando nos rendimos por completo
a Él!

frecuencia.[140]" En Cristo, vemos el cuerpo redimido y santificado.

San Juan Pablo II dice que es responsabilidad de la comunidad cristiana fomentar esta cultura de la persona, y cuando la cultura de la persona comienza a decaer en la sociedad moderna, debemos crear intencionalmente comunidades que la sostengan.

---

[140] *Reflexiones sobre el Matrimonio, 3. Economía y Personalismo.*

12

HUMANAE VITAE[141]
LA REGLA, #1

El cardenal Wojtyła creó La Regla para, como él dice, hacer realidad *Humanae Vitae* en la vida diaria de los matrimonios. En otras palabras, La Regla tiene como objetivo ayudar a los cónyuges a vivir *Humanae Vitae* — infundir sus matrimonios y vidas familiares con su verdad, permitir que el Amor divino entre en sus vidas y encontrar una alegría duradera. De hecho, considera *Humanae Vitae* tan importante y central en La Regla que sugiere que los grupos podrían llamarse 'Grupos de Humanae Vitae'.

Se ha dicho mucho sobre la verdad de *Humanae Vitae*[142]. Para nuestros propósitos, nos centraremos en la visión de San Juan Pablo II sobre el documento en

---

[141] For a gripping read, we recommend Mary Eberstadt, *Adam and Eve after the Pill*, (Ignatius Press: San Francisco, 2012). Also, to understand *HUMANAE VITAE* and the logic of its truth, see Janet Smith, *Why Humanae Vitae was Right: a Reader*, (Ignatius Press: San Francisco, 1993).

[142] Consulte el apéndice para recursos adicionales y más sugerencias de libros sobre *Humanae Vitae*.

esa época y la visión integral de la persona que se encuentra en la encíclica que afirma su perspectiva. Procederemos limitando nuestro enfoque a analizar *Humanae Vitae* tal como el cardenal Wojtyła la abordó.

Sabemos por la parte 1 que *Humanae Vitae* no fue bien recibida. El padre Kwiatkowski[143] señala que fue un acto de gran valentía el hecho de que el cardenal Wojtyła no solo escribiera algunos artículos en apoyo a *Humanae Vitae*, sino que creara La Regla para ayudar a implementar su enseñanza en su diócesis. La premisa y la existencia de La Regla misma son un respaldo positivo a *Humanae Vitae*. [144]

San Juan Pablo II nos muestra que San Pablo VI escribió *Humanae Vitae* con una perspectiva de la visión integral de la persona.

Como mencionamos en el capítulo anterior, San Juan Pablo II explica que entender y apoyar el matrimonio requiere una visión integral de la persona. Nos dice que la enseñanza de *Humanae Vitae* también debe leerse con esta perspectiva en mente. Recuerda que esta visión integral de la persona siempre incluye abordar al ser humano teniendo en cuenta dos momentos: quién es el hombre y quién está llamado a ser, lo real y lo ideal. Sin embargo, no solo estamos proyectando esta visión sobre *Humanae Vitae*. Una

---

[143] El padre Kwiatkowski fue el sacerdote que revivió estos textos y los tradujo al Italiano.
[144] Grygiel, 16.

lectura cuidadosa del documento mostrará que fue escrito con este enfoque en mente. Por ejemplo, San Pablo VI declaró en el propio documento:

> Se debe considerar al hombre en su totalidad y la misión completa a la que está llamado: tanto sus aspectos naturales y terrenales como sus dimensiones sobrenaturales y eternas.[145]

Si bien tuvo que abordar una pregunta particular y presentar respuestas a las normas morales objetivas, San Pablo VI mantiene esto dentro de la perspectiva personalista y, por lo tanto, subjetiva. No subjetiva en el sentido de que todo sea relativo, sino en el sentido de que debemos mirar al sujeto, a la persona, a la que se aplican estas normas morales. En otras palabras, coloca la discusión objetiva de este problema particular dentro de la visión integral de la persona. Aquí hay otro ejemplo:

> *[El matrimonio] es en realidad la sabia y providente institución de Dios el Creador, cuyo propósito fue llevar a cabo en el hombre Su designio amoroso.* Como consecuencia, el esposo y la esposa, a través de ese don mutuo de sí mismos, que es específico y exclusivo de ellos, desarrollan esa unión de dos personas en la que se perfeccionan mutuamente, cooperando con Dios en la generación y crianza de nuevas vidas.[146]

---

[145] *Humanae Vitae*, 7.
[146] *Ibid.*, 8.

San Pablo VI afirma la visión integral de la persona porque ve al hombre no solo en sus circunstancias presentes, "que son específicas y exclusivas de ellos", sino también en quién está llamado a ser. *"[El matrimonio] es en realidad la sabia y providente institución de Dios"*.

El punto clave de *Humanae Vitae* es que Dios, y no el hombre, es el autor del matrimonio y la sexualidad humana.

El padre Vincent Twomey, SVD, un sacerdote y teólogo de la moral que ha escrito extensamente sobre el impacto de *Humanae Vitae* en la teología moral, explica la diferente visión del hombre en la cultura moderna. Dice que, en esta cultura industrializada, su autocomprensión es la de un hacedor o productor de cosas, y el cuerpo se ve simplemente como "materia prima que puede ser moldeada y utilizada a voluntad"[147]. En el corazón de la enseñanza de *Humanae Vitae*, entonces, está la verdad de que Dios, y no el hombre, es el autor del matrimonio y de la sexualidad humana

Paula y Jimmy, una pareja en un Grupo de Matrimonios del WCI, nos comparten:

Comenzamos nuestro matrimonio sin la ayuda de una comprensión clara de la

---

[147] D. Vincent Twomey, *Moral Theology after Humanae Vitae* *(Teología Moral después de Humanae Vitae)*, (Four Courts Press Ltd: Dublín, 2010), 197

enseñanza católica. Éramos una pareja que utilizaba anticonceptivos, experimentando los efectos de vivir sin el pleno flujo de la gracia de Dios en nuestro matrimonio y en nuestras vidas. Con el tiempo, recurrimos al uso del método de planificación familiar natural (PFN) debido a problemas de salud causados por los anticonceptivos artificiales. Pero las bendiciones que recibimos al conformar nuestro matrimonio de acuerdo al plan de Dios y a la enseñanza católica fueron mucho más que la simple ausencia de enfermedades. Sí, las infecciones desaparecieron, pero ambos coincidimos en que la belleza de nuestra vida conyugal se volvió dinámica. Fue como pasar de blanco y negro a color, o de 2D a 3D, o de mono a estéreo. Hubo elementos de un potencial desconocido que entraron en nuestra unión y crearon una emoción que nos habíamos negado a nosotros mismos. ¡Y la gracia de Dios inundó nuestra familia! Sé que tenemos una abundancia de bendiciones que no podrían ser posibles sin nuestra apertura a Su plan para nuestro matrimonio tal como lo expresa *Humanae Vitae*.

Incluso ahora, que la época de fertilidad en nuestro matrimonio se ha terminado, Dios aún bendice nuestra unión. Reconociendo desde el principio que tanto los aspectos unitivos como procreativos de nuestra vida conyugal necesitan ser honrados, no solo he

sentido el respeto de mi esposo por la
manera intrincada en que Dios ha creado mi
cuerpo femenino, sino que también he
llegado a comprender la profunda
necesidad que tiene mi esposo de la cercanía
que experimentamos en el abrazo unitivo.
Unitivo y procreativo: ambos deben
mantenerse intactos; Dios decide el
resultado. ¡Seguimos abiertos a la voluntad
de Dios en nuestras vidas!

Dios nos llama a un amor que sea verdadera e integralmente honesto.

San Pablo VI nos recuerda que todo debe ser visto
a la luz del destino final del hombre y que el amor debe
ser humano, total, fiel y fecundo[148]. También afirma
que cada acto "debe permanecer abierto a la
transmisión de la vida".[149] Siguiendo el Concilio
Vaticano II, que afirmó que los criterios para discernir
juicios sobre la transmisión de la vida deben ser
objetivos, Pablo VI proclama que "no es lícito, incluso
por las razones más graves, hacer el mal para que de él
pueda seguir un bien".[150] Al rechazar la
anticoncepción, promueve las prácticas de la
planificación familiar natural (PFN) que funcionan con
el ciclo natural de fertilidad de la mujer y fomentan el
dominio de uno mismo. Estar abiertos a la vida de esta

---

[148] HV, 9.
[149] *Ibid.*, 11.
[150] *Ibid.*, 14.

manera es tener "un amor verdadera e integralmente honesto". [151]

Aaron, un esposo en un Grupo de Matrimonios del WCI, comparte:

> Conocer y comprender la historia detrás de *Humanae Vitae* era importante para mi esposa y para mí. Nos brindó una perspectiva de lo que la Iglesia estaba pensando durante el período de creciente aceptación del uso de anticonceptivos y, en última instancia, del aborto.
>
> Conocer esta información nos permite orar de manera más intencional para que el mundo vea lo hermoso que es dar y recibir a tu cónyuge como un regalo sincero. Otro punto clave es la libertad en el contexto del dominio de uno mismo.
>
> Mi esposa y yo hemos tenido conversaciones sobre lo que esto significa para nosotros en nuestro matrimonio mientras discernimos la voluntad de Dios sobre cuán grande quiere que sea nuestra familia. A veces pensamos que esta conversación debe ser solo entre un esposo y una esposa, pero también involucra a Dios, ya que Él es el autor de la vida.
>
> Dios nos ha recordado esto una y otra vez no con uno... ni dos... sino tres embarazos

---

[151] *Ibid.*, 16.

"sorpresa". Lo que pensábamos que podíamos controlar, incluso en un sentido moral a través del uso lícito de la planificación familiar natural, es en realidad algo que Dios quiere tener bajo su total control en nuestro matrimonio.

Mi esposa a menudo se refiere a la planificación familiar natural (PFN) como "PFP" — Planificación Familiar Providencial. Incluso si una pareja elige usar PFN en su matrimonio, Dios aún puede hacer lo que Él desea en su unión debido a esa apertura del uno al otro y a Su gracia actuante sobre ellos. Estudiar *Humanae Vitae* a través de nuestro Grupo de Parejas ha solidificado aún más nuestra convicción de que esta es la única manera de vivir nuestro matrimonio. Incluso cuando esto puede traernos algunas sorpresas, los planes de Dios siempre son mejores que los nuestros.

Nosotros, como *personas* humanas, creadas a imagen y semejanza de Dios, estamos hechos para estar en relación con los demás.

El cardenal Wojtyła escribió artículos en apoyo a *Humanae Vitae* en 1969, destacando su visión antropológica.[152] Él explica que una comprensión más profunda del significado de la persona es la de ser uno que está *en relación*[153], y esto es un reflejo de la persona del carácter trinitario de Dios. Cada Persona de la Trinidad se entiende como estando en relación con otra. Decimos "Dios Padre", pero ¿qué es un *Padre* sino uno que tiene un Hijo? ¿Cómo entendemos "Dios Hijo" sino por aquel que tiene un Padre? Cada Persona Divina se entiende a través de este carácter de 'estar en relación'. Así también nosotros, como personas humanas, que estamos hechos a imagen y semejanza

---

[152] Es importante señalar que hay una historia compleja detrás de *Humanae Vitae*, especialmente en relación con San Juan Pablo II y una visión integral de la persona. Antes de que se escribiera *Humanae Vitae*, el cardenal Wojtyła fue uno de los teólogos invitados a formar parte de la comisión que consideraba el tema. No pudo asistir a la comisión en persona porque el gobierno polaco se negó a emitirle un pasaporte; sin embargo, organizó una comisión en Cracovia para investigar el asunto. Los resultados de esta investigación se organizaron en un memorando y ofrecieron una explicación mucho más convincente y personalista que la que leemos en *Humanae Vitae*. "La controversia era inevitable, pero podría no haber sido tan debilitante si el Papa hubiera seguido más a fondo el consejo del cardenal Wojtyła" (Weigel, 208). "Si el memorando de la comisión de Cracovia hubiera modelado la argumentación de *Humanae Vitae* de manera más decisiva, podría haberse dado un debate más inteligente y sensible". (Ibid., 210). Así que, aunque *Humanae Vitae* contiene esta visión integral de la persona, es importante entender que no fue suficiente. San Juan Pablo II sabía que había más que decir sobre el tema y dedicó su papado a cumplir con esto.

[153] Cardenal Karol Wojtyła, "The Anthropological Vision of *Humanae Vitae*", ("La Visión Antropológica de *Humanae Vitae*") 16 de enero (L'Osservatore Romano: Rome, 1969), 3.

de Dios, estamos hechos para estar *en relación* con el otro.

Cuando uno se da a sí mismo como un regalo a otro, alcanza su plena realización como persona y se convierte más claramente en la imagen y semejanza de Dios. En el matrimonio, este don total de sí mismo a otro debe incluir su fertilidad. Separar las dimensiones unitiva y procreativa del acto marital, explicó Wojtyła, es dividir la unidad de una persona, lo cual es contrario a la visión cristiana. Esta división es cartesiana[154] y refuerza la idea de que solo importa la mente (y el cuerpo no) y es utilitaria, lo que implica que el cuerpo puede ser utilizado, pero no tiene un verdadero valor. Es de este artículo de donde hemos citado anteriormente las sabias palabras de Wojtyła, que explican que *Humanae Vitae* nos brinda las condiciones que salvaguardarán el don de uno mismo, el amor auténtico y preservarán la ontología (o esencia) del amor conyugal auténtico de la falsificación.[155]

Se puede argumentar que el documento más controversial de la Iglesia en el último siglo, *Humanae Vitae* ha sido tema de un gran debate teológico. La etiqueta de "controversial" no surgió porque se apartara de la tradición eclesial, sino debido a la reacción negativa que recibió al ser promulgado. Al proclamar en *Humanae Vitae* que "cada acto

---

[154] Nota del editor: Este adjetivo significa 'de lo relacionado con René Descartes o su filosofía'. René Descartes dijo: "Pienso, luego existo". Este rechazo del mundo material y la centralidad de la importancia en la mente creó un dualismo en el que solo la mente y no el cuerpo tenía algún significado esencial.
[155] Milne, 65.

matrimonial debe permanecer abierto a la transmisión de la vida"[156], San Pablo VI estaba afirmando una enseñanza que estaba bien establecida dentro de la Iglesia desde el siglo primero. [157]

Cuando estábamos en Roma recién casados y estudiando nuestros posgrados, sin un quinto en el bolsillo, necesitábamos usar el método de planificación familiar natural (PFN) para posponer un posible embarazo. El sacrificio fue un poco como morir a nosotros mismos. Theresa tenía ciclos irregulares, y aunque la PFN funcionó, requirió mucha precaución. Nos sentíamos frustrados. Seguíamos intentando abrazar ideales terrenales mientras tratábamos de vivir según los caminos de Dios. El mundo considera la sexualidad el aspecto más importante de la vida; por lo tanto, desde su perspectiva, si no eres libre para tener relaciones sexuales, no eres libre en absoluto.

Siguiendo el plan de Dios, damos prioridad al amor sobre el mero acto sexual. ¿Puedo realmente amar a mi cónyuge si no respeto todos sus aspectos, incluida su fertilidad? Esto no significa que no sea un desafío abstenernos cuando necesitamos hacerlo. Nuestro anhelo de intimidad sexual es un regalo de Dios. Sin embargo, cuando le entregamos incluso esto a Dios, Él puede llevar nuestro amor a un nuevo nivel, a un lugar más profundo en el corazón de nuestro Padre celestial.

---

[156] *HV*, 11.
[157] Consulta el apéndice para ver solo algunos de los muchos ejemplos que respaldan esto.

A lo largo de nuestro matrimonio, al mantener el amor como prioridad, también se abrió un nivel más profundo de comunicación y se desarrolló una dulzura en nuestro afecto, lo cual fue vital para superar momentos difíciles (incluso la pérdida de un hijo). Nos dimos cuenta de que *Humanae Vitae* se trata de permitir que Dios esté completamente a cargo de nuestro amor. Y no nos arrepentimos en lo absoluto. Por eso, estamos tan agradecidos de formar parte de un grupo de matrimonios que comprende las dificultades y se esfuerza por vivir las verdades de *Humanae Vitae* con alegría. ¡Nunca hemos sentido tanto apoyo en nuestro intento de vivir la Verdad!

Humanae Vitae es el corazón de la enseñanza sobre el matrimonio y la familia.

La gran oposición hacia *Humanae Vitae* motivó a muchos a explicar y defender sus principios en las décadas posteriores. La Iglesia tiene una deuda de gratitud con los teólogos, sacerdotes y obispos que analizaron, precisaron e incluso ampliaron las enseñanzas de *Humanae Vitae*, atendiendo al llamado de San Pablo VI y San Juan Pablo II, quien, durante su pontificado, instó a los teólogos:

> A unir sus esfuerzos a fin de colaborar con el magisterio jerárquico y comprometerse a la tarea de ilustrar de manera cada vez más clara los fundamentos bíblicos, las bases éticas y las razones personalistas detrás de

esta doctrina [sobre la regulación adecuada del tamaño de la familia]. [158]

San Juan Pablo II, durante su papado, amplió y desarrolló el plan de Dios para la sexualidad humana más que ningún otro. Aunque *Humanae Vitae* fue redactada con una visión integral de la persona, no profundizó lo suficiente en la belleza del plan divino para el amor humano. [159] San Juan Pablo II mostró un gran respeto por el amor conyugal al explicar que la unión de "una sola carne" entre el hombre y la mujer es el reflejo sacramental de Dios, que hace verdaderamente presente el misterio de la Trinidad.[160] A través de su vasta enseñanza, especialmente en *Familiaris Consortio, Mulieris Dignitatem* y los tratados de la *Teología del Cuerpo*, muchos más clérigos, teólogos y laicos han llegado a entender mejor la enseñanza de *Humanae Vitae*.

---

[158] Juan Pablo II, *Familiaris Consortio*, 31.
[159] *Cf.* Weigel, 210.
[160] *Mulieris Dignitatem*, 7.

13

MORALIDAD CRISTIANA: *ENCUENTRO CON CRISTO*[161]
LA REGLA, #3

San Juan Pablo II incluye vivir de acuerdo con las normas de la moral cristiana en el tercer punto de La Regla. Menciona los Mandamientos y los principios de la moral cristiana, pero también la importancia de encontrar la manera de incorporar el espíritu de los consejos evangélicos en su vida matrimonial y familiar (pobreza, obediencia y castidad). Los votos de los consejos evangélicos no deben ser asumidos en el sentido estricto en el que los seguiría una persona consagrada; sin embargo, hay formas en que una pareja podría abrazar el espíritu de estos consejos.

---

[161] Deseamos enfatizar que estos capítulos no son una explicación exhaustiva de cada tema, sino una exposición de los temas tal como se plantean en La Regla, examinándolos a través de los textos contemporáneos de Wojtyła.

Abrazar el *espíritu* del voto de pobreza: la relación que tenemos con las cosas materiales.

¿Cómo podría manifestarse el espíritu de los consejos en la vida matrimonial y familiar? San Juan Pablo II nos ofrece algunos ejemplos a considerar. Reflexionando sobre el espíritu del voto de pobreza, esto podría significar un cierto desapego de las cosas materiales que posee la pareja y una renuncia a la indulgencia excesiva. De hecho, él menciona que, a medida que trabajamos para construir comunidad y transformar la cultura, esto se convierte en un requisito:

> El cristianismo sigue convencido de que vivir en comunidad requiere, ante todo, altos estándares morales, en los cuales el ideal espiritual permite la renuncia a ciertos bienes materiales o a una determinada relación con estos bienes.[162]

Abrazar el espíritu del voto de pobreza implica considerar la relación que tenemos con las cosas materiales que poseemos. Para una reflexión personal, podríamos preguntarnos cuán molestos nos sentiríamos si alguien rompe accidentalmente, el plato de porcelana que pasó de generación en generación desde nuestra tatarabuela. ¿Cuál sería nuestra reacción al ver que nuestra casa está en llamas? Nuestra respuesta debería indicarnos cuán aferrados o desapegados estamos a los bienes materiales.

---

[162] *Reflexiones sobre el Matrimonio, 3. Economía y Personalismo*

El objetivo, en este caso, como explicó San Juan Pablo II en La Regla, sería "reformular constantemente" la manera en que se vive el espíritu de la pobreza en nuestra familia. Debemos hacer un inventario de cuán bien estamos manteniéndonos desprendidos de los dones que Dios ha proporcionado en nuestra vida. Los bienes materiales no son intrínsecamente malos, pero es nuestra relación con estos objetos la que merece nuestra atención y reflexión.

Una vez, al regresar de sus estudios en Inglaterra, Theresa había traído a casa una hermosa taza como souvenir comprada en Londres y bellamente pintada. Al segundo día de estar en casa, los pequeños estaban jugando abajo. Desde nuestra habitación, se escuchó un alboroto y un "crash", que fue seguido por un silencio. Ella bajó y encontró su único recuerdo del viaje roto en pedazos en el suelo. Sí, lloró. Estar exhausta y embarazada pudo haber tenido algo que ver en ello. Parecía ser la gota que colmó el vaso de una serie de cosas, y simplemente pasó en un mal momento. ¿Por qué, pensó, no podía tener cosas lindas? Y mirando a los tres pequeños castigados en la esquina, todos tristes con ojos de cachorros llenos de remordimiento, ella recordó que, de hecho, era solo una taza. Los perdonó, y los niños se fueron corriendo muy probablemente a comenzar una nueva travesura en otro lugar. Disfrutar de los regalos materiales que Dios nos ha dado no está mal; Él quiere que vivamos en alegría. Es cuando le damos más importancia a las posesiones de la que deberían tener, cuando las cosas empiezan a ir mal. Los dulces ojos de cachorrito regañado de los niños pequeños son a menudo buenos recordatorios para restablecer prioridades.

Abrazando el *espíritu* de la obediencia: la virtud de la humildad.

No hay un medio más efectivo para la santidad que la virtud de la humildad. Sin embargo, ¿cómo podría verse esto? Elegir respetar la decisión de un pastor, por ejemplo, incluso si no estás de acuerdo con él, podría ser un ejemplo de ello. Cuando nuestro orgullo comienza a dañar nuestras relaciones con los demás, podemos ver cuánto nos roba nuestra alegría. La verdadera humildad es cuando nos olvidamos de nosotros mismos para poder amar a Dios y amar a los demás. Cuando permitimos que Dios sea el juez final y cuando soltamos en estas situaciones, una gracia asombrosa entra en nuestras vidas.

Vivir la fe en una cultura que ha abandonado las normas morales es en sí mismo un acto de obediencia. Podemos llevar a cabo aún más este voto de obediencia no solo siguiendo los preceptos cristianos, sino aprendiendo más sobre ellos. Entonces, no son simplemente una carga que soportar; en cambio, a través de una comprensión más profunda y con la ayuda de la gracia, nos traen alegría.

Abrazando el *espíritu* de la castidad: encontrado bellamente dentro de la espiritualidad conyugal.

Incluso dentro de su tratado sobre la Teología del Cuerpo, San Juan Pablo II afirma que la castidad está "en el centro de la espiritualidad conyugal".[163] La castidad brinda a las parejas el deseo de respetar la dignidad del acto marital. Sin embargo, la castidad se manifiesta no solo en el acto sexual, sino a lo largo de la vida de los cónyuges. Esta es su espiritualidad conyugal: la vida de gracia que se derrama en cada aspecto de su vida común. [164] Una verdadera comunión de personas solo se alcanza cuando el esposo y la esposa están unidos no solo a través del cuerpo, sino también en sus corazones y mentes. Cuando permitimos que la gracia de Dios llene nuestra naturaleza, podemos estar atentos a la persona completa y se puede formar una verdadera unidad.[165]

San Juan Pablo II nos enseñó que la gracia especial disponible para nosotros en el matrimonio es verdaderamente real. Y más que eso, siempre está a nuestra disposición.[166] Los cónyuges pueden acceder a ella en cualquier momento de su día y utilizarla para cultivar la virtud de la castidad, que nutre la espiritualidad conyugal y ayuda a que esta crezca.

San Juan Pablo II deja a cada matrimonio la responsabilidad de permitir que el Espíritu Santo los guíe sobre cómo se manifestará este aspecto en su

---

[163] San Juan Pablo II, *Man and Woman He Created Them (Hombre y Mujer los Creo)*, (Pauline Books and Media: Boston, 2006) 131:2.
[164] *Ibid.*, *Cf.* 132:4.
[165] *Ibid.*, *Cf.* 109:4.
[166] *El Amor Es la Base Moral del Matrimonio. 7. La Gracia Sacramental No Es Solo Una Teoría.*

propio matrimonio, animando a cada pareja a "revisarlo" con frecuencia.

Jimmy y Paula comparten su experiencia de cómo su ideal se confrontó con una situación real y muy difícil, y cómo la gracia de Dios los sostuvo:

> En nuestra continua conversión como matrimonio, esforzándonos por vivir las normas de la moral cristiana, el ideal se encuentra con frecuencia con la realidad. Un ejemplo poderoso de esto en nuestras vidas también se encontró con el espíritu de pobreza, obediencia y castidad a través de la gracia de nuestra vida en Cristo. Cuando la fertilidad volvió después de nuestro tercer hijo, tuvimos "la charla".

> Siendo padres mayores y una familia que educa en casa con un solo ingreso, podría haber habido razones legítimas para posponer la concepción a través del Método de Planificación Natural (PFN), pero Jimmy respondió: "Yo confío en Dios. Él no nos dará hijos que Él no provea". Estas palabras fueron proféticas de muchas maneras.

> Concebimos a nuestro siguiente hijo, y todo parecía ir bien hasta la décimo octava semana, cuando las pruebas y ecografías revelaron que nuestro bebé, Patrick, tenía trisomía 18, una condición genética que

hace que el 70 por ciento de estos bebés mueran en el útero.

Incluso si él sobrevivía, se esperaba que nuestro bebé tuviera defectos de nacimiento graves. Se nos preguntó varias veces: "¿Saben lo que quieren hacer?" y "¿Quieren interrumpir el embarazo?" Pero respondimos que confiaríamos en Dios con su vida.

Nuestra única oración era que pudiéramos ver a nuestro bebé con los ojos abiertos, aunque solo fuera por unas pocas horas. Dios escuchó nuestras oraciones. Tuvimos seis benditas semanas con Patrick, así como todo lo que pudimos haber necesitado: oraciones, apoyo emocional, ayuda médica, cuentas médicas pagadas, pañales, tarjetas, regalos, cuidado de niños... A través de la gracia de Dios, Él transformó nuestro espíritu de obediencia, castidad y pobreza en grandes bendiciones.

Nuestra fe es un encuentro con Jesucristo.

En ambos textos complementarios, San Juan Pablo II enfatiza que el cristianismo auténtico es más que seguir una lista diaria de buenas acciones. Se trata de una relación amorosa con Jesucristo, y esforzamos por orientar nuestras vidas hacia Él. Jesucristo mismo es la fuente y la encarnación de nuestra fe.[167] Él nos llama a todos a la santidad y a la comunión con Él. Esta relación transforma nuestras acciones y nos impulsa a vivir de manera que reflejemos Su amor y misericordia en el mundo. En lugar de un enfoque mecánico o ritualista de la fe, se nos invita a un compromiso profundo y personal con Cristo, que ilumina nuestro camino y nos guía en nuestra búsqueda de la verdad y el bien.

Orientamos nuestras vidas hacia Cristo al seguir Sus mandamientos por amor a Dios. Esto se logra al abrazar la Persona de Cristo mientras caminamos por el camino de la fe. ¿Recuerdas cuando discutimos cómo alcanzar objetivos en el primer capítulo? Dijimos que no hay nada que puedas *hacer* para que Dios te ame más. ¡Dios te ama en este momento con una abundancia infinita! Incluso si nunca hicieras ninguna de las cosas en tu lista de pasos para alcanzar la santidad, Dios te ama. No solo te tolera hasta que ordenes tu vida. Te ama con un amor apasionado y vibrante, incluso cuando pecas. Su amor es incondicional. Te ama por quien es Él, no por lo que tú has hecho. No necesitas ser perfecto antes de acercarte a Dios; Él quiere encontrarte justo donde estás. Él desea entrar en tu vida y llenarla con Su amor divino y misericordioso.

Nuestro objetivo—la vida con Dios—está a la puerta; no está lejos, sino justo frente a nosotros. Él te ayudará en tu camino espiritual, impregnando cada una de esas acciones santas con más de Su gracia. En

---

[167] *Cf.* Saward, 94.

lugar de considerar esto como una lista de tareas que debemos completar para alcanzar un objetivo al final, nuestro objetivo ya está con nosotros. Debemos caminar por el camino de Su amor y realizar las acciones que nos ayuden a abrir nuestros corazones cada vez más a Su gracia y a Su amor misericordioso.

Tu santidad no se encuentra simplemente en la realización de acciones, sino en la forma en que permites que Dios se encuentre contigo en esas acciones, en la manera en que permites que cada momento de gracia toque tu corazón. Continuamos haciendo lo que es correcto mientras nos percatamos de que ya tenemos una relación con un Dios amoroso. La Regla señala el camino para abrirnos, a nosotros y a nuestros matrimonios, a ser más receptivos al amor misericordioso de Dios. Nos guía en el amor, y nos encontramos acurrucados en el corazón del Padre.

14

UNIDAD MATRIMONIAL Y ESPIRITUALIDAD CONYUGAL LA REGLA, #2, #4

En el segundo punto de La Regla, San Juan Pablo II insiste en que ambos cónyuges deben participar en el grupo y que un cónyuge no puede unirse sin el otro. Esto se debe a que el propósito principal de los Grupos de Matrimonios es construir la espiritualidad conyugal de la pareja. Esto puede parecer injusto. Si un marido o una esposa quieren aprender sobre el matrimonio, pero su cónyuge no está interesado, ¿deberían ser penalizados por esto? San Juan Pablo II no está discriminando a nadie aquí; más bien, está llamando a la pareja a un nivel más alto de santidad espiritual. Hay una singularidad en los Grupos de Matrimonios que La Regla crea, que los pone en su propia categoría. Por supuesto, se anima a los individuos a aprender más sobre su fe, sobre cómo vivir bien su matrimonio y cómo esforzarse por aplicar eso. Cada persona bautizada tiene su propia relación con Dios, y a través de los sacramentos, San Juan Pablo II dice que una persona entra en una "órbita de gracia" con Dios. Sin embargo, aunque la educación es un aspecto de los grupos, el "propósito principal" de La Regla es cultivar la espiritualidad conyugal, lo cual solo se puede lograr cuando ambos cónyuges están involucrados.

Ambos cónyuges necesitan participar porque la espiritualidad conyugal es la relación especial que Dios tiene con el marido y la esposa unidos, lo cual es posible a través del Sacramento del Matrimonio. Estos grupos son una manera de llevar a las parejas de lo bueno a lo grandioso. Son Grupos de Matrimonios, no grupos de mujeres o grupos de hombres, y como tales, estos grupos tienen un enfoque específico que requiere la participación de ambos cónyuges. Una razón por la que un cónyuge puede no querer participar en este camino de fe, explica San Juan Pablo II, es que no se le ha brindado una visión clara del matrimonio. Él dice que por esta razón existe la "necesidad de una reeducación"[168] de la idea de matrimonio, lo cual también ha explicado como la necesidad de un "nuevo modelo de matrimonio"[169]. Cuando las parejas tienen una visión del matrimonio como una vocación para buscar la santidad espiritual y no meramente como una 'relación natural', estarán más inclinadas a buscar este objetivo juntas.

Allison y Steve, una pareja de un Grupo de Matrimonios del WCI, comparten su experiencia sobre la importancia de la unidad en el matrimonio:

---

[168] *Reflexiones sobre el Matrimonio, 3. Economía y Personalismo.*
[169] *El Amor es la Base Moral del Matrimonio, párrafos introductorios.*

Cuando estábamos en el proceso de ordenar nuestros anillos de matrimonio, hicimos grabar dentro de los anillos las palabras *Totus Tuus* (totalmente tuyo). Este fue el lema de San Juan Pablo II, que también lo tenía grabado en su escudo de armas como Papa. En ese momento no lo sabíamos del todo, pero este deseo de entregarnos completamente el uno al otro y a Jesús a través de María es lo que San Juan Pablo II llama unidad matrimonial.

Como enseña La Regla, la unidad matrimonial se trata de que ambos prometamos estar plenamente comprometidos. Para nosotros, refleja completamente el lema de nuestro matrimonio: ser libres, totales, fieles y fecundos. Desde el día de nuestra boda, hemos luchado diariamente por entregarnos libremente el uno al otro, por compartir totalmente todo (incluso nuestros secretos más profundos) con la otra persona, por ser fieles el uno al otro al poner las necesidades del otro primero, y por compartir nuestras abundantes bendiciones con los demás. ¡*Totus Tuus!*

Espiritualidad Conyugal

Ahora llegamos a lo que es verdaderamente el corazón de La Regla. Ésta establece que desarrollar la espiritualidad conyugal es el propósito principal de los Grupos de Matrimonios. La razón de esto es que la santidad de la pareja depende de su espiritualidad conyugal. La Regla afirma *Humanae Vitae* no solo de manera abstracta, sino ayudando a que su enseñanza se haga realidad "de una manera concreta en la vida humana".[170] Esta realización de *Humanae Vitae* en sus vidas solo ocurre a través de la espiritualidad conyugal. La espiritualidad conyugal conecta la gracia de Dios con nuestra vida cotidiana. No solo entendemos el significado de la enseñanza de *Humanae Vitae*, sino que la vivimos día a día, ya sea al lavar los platos, cuidar de nuestro cónyuge o disfrutar de una comida juntos. El amor de Cristo actúa a través de nuestro amor, purificándolo.

Esta espiritualidad ocurre precisamente *dentro de la naturaleza sacramental* de su matrimonio y no sin ella.[171]

Esta espiritualidad de la pareja (su crecimiento en santidad) ocurre precisamente dentro de la naturaleza sacramental de su matrimonio y no sin ella.[172] Esta naturaleza sacramental permite que su matrimonio refleje la relación conyugal entre Cristo y Su esposa, la Iglesia. Nuevamente, la vida espiritual de la pareja no

---

[170] Grygiel, 17, "in una forma concreta di vita umana".
[171] *Ibid.*
[172] *Ibid.*

es simplemente el seguimiento de un conjunto de reglas, sino que:

> Es, en primer lugar, una manera concreta en la que se vive el misterio redentor-esponsal en las dimensiones adecuadas de la vida conyugal y familiar, lo que conduce a la santificación.[173]

La espiritualidad conyugal no solo desempeña un papel significativo en el cumplimiento de la verdad de *Humanae Vitae* en la vida de los cónyuges; también hace posible vivir una visión personalista del matrimonio.

Emily, una esposa en un Grupo de Matrimonios del WCI, comparte:

> Desde que aprendimos sobre la espiritualidad conyugal a través de La Regla, Dios nos ha invitado a experimentar esto más profundamente en nuestro matrimonio. En una ocasión, Aaron se fue de viaje a otro estado por sus estudios de posgrado durante aproximadamente una semana, mientras yo me quedaba en casa con nuestros hijos. Sabiendo que los estudios de Aaron en su residencia serían rigurosos, y que aprobar el curso dependía de su éxito allí, le pedí a Dios que me permitiera apoyar a Aaron en casa a través de mis oraciones.

---

[173] *Ibid.*

En el último día completo de su residencia, Aaron dio una presentación que contaría para una parte importante de su calificación. Esa mañana, me desperté con fiebre. Siendo madre lactante, pronto me di cuenta de que había desarrollado una infección mamaria, aparentemente de la nada. A medida que avanzaba el día, la fiebre y los síntomas acompañantes empeoraban.

Mientras oraba a través del sufrimiento, me di cuenta de que Dios estaba permitiendo este sufrimiento por el bien de Aaron. El segundo día de fiebre fue muy similar, así que hice planes para ver a un médico a la mañana siguiente. Sin embargo, esa noche, Aaron regresó a casa sano y salvo de su viaje.

A su regreso, la fiebre y la infección desaparecieron. Sentí verdaderamente que mi sufrimiento fue permitido como una ofrenda por mi esposo, y que Dios nos unió místicamente incluso mientras estábamos físicamente separados. Esta fue la primera vez que sentimos que experimentamos la espiritualidad conyugal de una manera tangible en nuestro matrimonio.

¿Qué es espiritualidad conyugal?

En resumen, la espiritualidad conyugal es la relación entre la Santísima Trinidad y la pareja, unida como una sola y hecha posible a través de la gracia. La espiritualidad conyugal une al esposo y a la esposa de tal manera que tienen una vida interior compartida. Esta sincera unidad espiritual "permite configurar la vida conyugal y familiar de una manera cristiana". [174] La pareja casada debe comprometerse a buscar y formar esta espiritualidad conyugal para que "las enseñanzas integrales de Jesucristo sobre el matrimonio y la familia, proclamadas por la Iglesia, puedan cumplirse en su vida matrimonial con plena comprensión y pleno amor".[175] *Es la espiritualidad conyugal la que activa la verdad del matrimonio dentro de la realidad concreta de la vida matrimonial diaria.*

¿Cómo es posible la espiritualidad conyugal?

Examinemos más de cerca esta relación entre la unión de los esposos y la Santísima Trinidad. Ésta se hace posible a través del sacramento del matrimonio, y para comprenderlo, primero debemos escuchar cómo San Juan Pablo II explica los sacramentos en general.

Él dice que la gracia santificante se ofrece a cada persona a través de cada sacramento. Cuando una persona bautizada recibe esta gracia, tiene el potencial de vivir una nueva vida espiritual; de hecho, es una:

---

[174] *La Regla, punto 4.*
[175] *Ibid.*

… Vida que es sobrenatural; la medida de lo sobrenatural depende del aprovechamiento que esta persona haga de los recursos de gracia en su vida.[176]

El grado de santidad de una persona se relaciona directamente con su apertura a la gracia en su vida.

Cada sacramento es eficaz, lo que significa que produce la realidad que simboliza. El sacramento:

… como un signo poderoso de gracia, crea en la naturaleza las fuerzas que son sobrenaturales, fuerzas que permiten tener una vida plena al ser humano; es decir, una vida de acuerdo con los planes e intenciones del Creador hacia la humanidad.[177]

Sin embargo, existe una distinción entre hacer posible la plenitud de la vida y llevarla a su realización o perfección. La gracia está disponible y es posible para el hombre vivir una vida extraordinaria en Dios, pero el hombre tiene una responsabilidad en esto. No sucede de manera automática. Es tarea del hombre abrirse a la gracia y recibir de los dones sobrenaturales la nueva vida espiritual, y "entrar en la órbita de la gracia".[178]

---

[176] *Reflexiones sobre el Matrimonio, 1. En los Fundamentos del Personalismo, b. El Orden de la Gracia*
[177] *Ibid., 1. En Los Fundamentos del Personalismo, c. El Orden del Sacramento.*
[178] *Ibid.*

El sacramento del matrimonio es único por dos razones. Primero, es el único sacramento en el que participan dos personas en un solo sacramento. A través de este sacramento, "hay simultáneamente dos personas que entran en la órbita de la gracia".[179] Mientras que cada sacramento acerca al destinatario a su relación con Dios, el matrimonio, en su carácter único, fortalece la relación entre Dios y los dos cónyuges unidos como uno solo. Dos personas ingresan en esta comunión y, en su unión, mantienen una relación con Dios. Esto es la espiritualidad conyugal.

Como lo explica San Juan Pablo II, dos personas individuales, el esposo y la esposa, ingresan libremente en esta unidad. Él no dice que esto reemplace la relación individual con Dios, la cual afirma en su explicación de los sacramentos en general. Sin embargo, esta relación secundaria con Dios a través de su unidad espiritual es lo que permite que los matrimonios crezcan y prosperen, haciendo realidad la verdad en su vida diaria. Construir la espiritualidad conyugal lleva a la pareja de ser buena a ser excelente en su búsqueda de una santidad alegre.

En segundo lugar, el sacramento del matrimonio es el único sacramento en el que los fieles son los ministros. El esposo y la esposa, mediante sus votos, confieren el sacramento el uno al otro. Aquí hay una perspectiva sorprendente de San Juan Pablo II: ser el

---

[179] *Ibid.*

ministro del sacramento para el cónyuge no termina en el altar el día de la boda. Los cónyuges:

> ... Son entre sí, instrumentos directos de la acción de Dios, son como conductores de la corriente de vida que está en Dios y de la cual llegan a ser partícipes a través del sacramento.[180]

El esposo y la esposa, a través del don de la gracia sobrenatural, son la acción de Dios en la vida de su cónyuge y, juntos, quedan atrapados en la órbita de la gracia, ya que su vida se renueva en una vida sobrenatural a través de "el misterio de la gracia que penetra en la naturaleza". [181]

Es esta gracia santificante la que ofrece la posibilidad de la espiritualidad conyugal y la santidad para las parejas, pero corresponde al esposo y a la esposa estar abiertos y aprovechar estos dones sobrenaturales.

Es verdad que necesitamos estar abiertos a la gracia de Dios para que Él pueda obrar en nuestras vidas. Por ejemplo, ser la "acción de Dios" en la vida de tu cónyuge no es solo una idea hermosa, también es algo muy real. Ambos hemos experimentado sanación a través de nuestro matrimonio. Cuando Theresa era más joven, tuvo un episodio de anorexia en el bachillerato, que fue más un efecto que una causa en sí misma. Y aunque la acción de evitar la comida se

---

[180] *Ibid.*

[181] *Ibid., 1. En Los Fundamentos del Personalismo, c. El Orden de la Gracia.*

detuvo, las razones por las que cayó en eso en primer lugar todavía permanecían en su mente — como una oscuridad de inseguridad y falta de autoestima. Desde entonces hasta sus años universitarios, se había separado mentalmente de los demás, mostrando solo su mejor lado y creyendo que, si realmente la conocieran, no la amarían.

No fue culpa de los demás, sino de ella misma. Ni siquiera les daba a los demás la oportunidad de amarla porque aún tenía esa nube de autodesprecio flotando en su interior. Cuando Theresa y Peter estaban comprometidos y durante el primer año de su matrimonio, se compartían todo. Ninguno de los dos ocultaba nada, y ella se sorprendió mucho de que él no saliera huyendo por la puerta. ¡Él la seguía amando! Incluso conociendo todos sus defectos, Peter la amaba. A través de su amor, ella pudo aceptarse a sí misma, aceptar el amor de Dios de una manera más profunda, e incluso comenzar a abrirse a los demás. El amor incondicional y desinteresado de Peter permitió su sanación. Dios realmente obró a través del amor de Peter, y la gracia sacramental estaba presente en su amor, guiándola a aceptar más plenamente el amor de nuestro Padre y a convertirse, cada vez más, en la mujer que Dios realmente había creado.

La espiritualidad conyugal crea una profunda unidad espiritual entre los esposos.

El esposo y la esposa, unidos en matrimonio, pueden profundizar su unión cultivando su espiritualidad conyugal, en la cual "el camino de una pareja es *un solo* camino que recorren dos".[182] Qué contraste tan marcado esto con una idea más secular del matrimonio, donde los cónyuges pueden sentir que son simplemente personas compatibles en lo sexual que comparten la vida y los horarios, siempre que esto siga siendo conveniente y placentero. Recuerda que para los esposos cristianos, su santidad "no se encuentra afuera, sino dentro de su comunión sacramental que encarna el amor conyugal de Cristo y de la Iglesia".[183] Cuanta más cercanía haya entre uno y otro, y con Dios, más plenamente encarnarán y reflejarán ese amor de Cristo por su Iglesia.

A través de la espiritualidad conyugal, sus personalidades no se pierden, sino que se perfeccionan.

San Juan Pablo II incluso afirma que esta profunda unidad puede causar temor en algunas personas.[184] ¿Te imaginas los cuestionamientos? ¿Significa esto que debo tener el mismo estilo de oración que mi cónyuge? ¿Que la "profunda unidad" implica que debemos ser exactamente iguales? ¿Qué pasa si yo aprecio la espiritualidad benedictina y mi pareja prefiere la dominicana? ¿Afectará esto nuestra espiritualidad conyugal? Tengo miedo de perderme en esa unidad.

---

[182] Grygiel, 17, "il cammino di coppia è un cammino fatto in due".

[183] *Ibid.*, 17, "non sta al di fuori, bensì all'interno della loro comunione sacramentale che incarna l'amore sponsale di Cristo e della Chiesa".

[184] Cf. *Reflexiones sobre el Matrimonio*, 1. En los *Fundamentos del Personalismo, b. El Orden de la Gracia.*

¿Mi personalidad individual y quién soy desaparecerán en esta unión tan profunda y total? ¿Debería sentir que debo reservar algo, para no perderme?

Estos miedos, según San Juan Pablo II, carecen de fundamento. Recuerda que el matrimonio es, ante todo, una cuestión de la persona. Debemos mantener en nuestra mirada esta visión integral de la persona. No hay que temer que su individualidad se pierda:

> El camino espiritual de los esposos no se desvincula ni pasa por alto sus personalidades (individuales); al contrario, implica *íntegramente* a la persona en su totalidad, en el hombre y en la mujer.[185]

El esposo y la esposa se entregan amorosamente uno al otro, lo cual implica morir para sí mismos, pero en su relación viva con la Trinidad, renacen en esta unidad. Sus personalidades no se pierden, sino que se perfeccionan.

Esta profunda unidad conecta a los esposos a un nivel similar al del corazón. Peter puede dar fe de ello. Él recuerda haber oído una vez acerca de un grupo de monjas de claustro que solían invocar al ángel guardián de la hermana con quien necesitaban hablar. ¿Y qué sucedía? La hermana recibía el mensaje y se aparecía.

---

[185] Grygiel, 19, Énfasis añadido, "Il cammino spirituale dei coniugi non astrae e non salta la loro personalità, al contrario presuppone l'integrale persona dell'uomo e della donna".

¡Imagínate tener ese tipo de conexión con tu cónyuge! Esto no es una invitación a una conexión mágica, sino a una unión sacramental de dos que han sido unidos como uno solo. Cuando el esposo y la esposa buscan la santidad en el matrimonio, el Espíritu Santo no defrauda. Si te abres a Él, el Espíritu comienza a enlazarte en una unidad más profunda, de manera casi imperceptible, y luego sucede algo extraordinario: es como un "¡Wow!"

Cuando Theresa y Peter perdieron a su hijo, Angelo Joseph (que tenía 18 semanas de gestación), atravesaron un gran dolor, pero la vida debía continuar. Incluso en medio del tremendo ruido de pensamientos y sentimientos que se experimentan tras una pérdida repentina, Peter reconoció la profunda necesidad de Theresa. Un día, cuando ella salió a verlo al garaje, antes de que ella pudiera decir algo, Peter la abrazó y le hizo saber que lamentaba no haberle dado suficiente afecto y tiempo en el momento que ella más lo necesitaba. Entre lágrimas, ella le dijo que se había dado cuenta que su corazón estaba muy dolido en ese momento, y que había venido a decírselo. Antes de que ella pronunciara una sola palabra, Peter había dicho exactamente lo que su corazón necesitaba escuchar. Ese fue un momento claro de espiritualidad conyugal para ellos.

La espiritualidad conyugal es, en realidad, el conducto que lleva la verdad a la realidad.

Ahora comprendemos que esto puede parecer muy espiritual y que puede generar cierta cautela para no sobreespiritualizar la vida matrimonial. Sin embargo, incluso en esto, volvemos a la visión integral de la persona que siempre debemos tener en cuenta. San Juan Pablo II fue muy consciente del equilibrio personalista entre lo real y lo ideal. La espiritualidad conyugal es el conducto que lleva la verdad a la realidad. La espiritualidad conyugal no se limita solo a los momentos de oración en los reclinatorios de la capilla, sino que se vive en los desafíos cotidianos de la vida matrimonial y familiar. Como señala el padre Kwiatkowski, "la auténtica visión de la espiritualidad conyugal es solamente aquella que surge de la experiencia directa del amor y que ocurre dentro de ella (en esa experiencia concreta del amor), abriendo ante los esposos la perspectiva de perfección y santidad".[186] Cuando un esposo se levanta con cariño a medianoche para cuidar a su esposa enferma, ese acto de amor está impregnado con el amor de Cristo. Cuando los esposos abren sus corazones y vidas a la gracia de Dios, cada acción que realizan se abastece de mayor amor y acerca su unión a Dios.

La espiritualidad conyugal es "la relación viva con la Trinidad y con el cónyuge, en la renovación de la entrega total de Cristo por la Iglesia".[187] La vitalidad

---

[186] *Ibid.*, 20, "l'autentica visione della spiritualità coniugale è solamente quella che sorge dall'esperienza diretta dell'amore e che in essa si verifica, aprendo dinanzi ai coniugi la prospettiva di perfezione e santità".
[187] *Ibid.*, 21, "il rapport vivo con la Trinità e con il coniuge, nell'attualizzazione della consegna totale di Cristo per la Chiesa".

de la presencia del Espíritu Santo en la vida de la pareja hace que cada acción esté impregnada del amor total de Cristo, quien se entrega por completo. No se trata simplemente de otra devoción, sino de una transformación de las experiencias del matrimonio mediante la incorporación del misterio de Cristo en esos momentos. La espiritualidad conyugal es la tensión de la visión integral de la persona, manifestada en la vida cotidiana. Quienes son ahora el esposo y la esposa se ven constantemente infundidos con el misterio de Cristo, guiándolos hacia quienes están llamados a ser. Es un matrimonio sacramental vivido en su máxima expresión, donde el hombre y la mujer se santifican mutuamente a través de la acción de Dios (la gracia), en medio de sus vidas ordinarias.

Cuando Theresa está embarazada, las cosas se vuelven difíciles muy rápido. Ella sufre de artritis reumatoide y una condición llamada diástasis de sínfisis púbica, donde los huesos se separan de forma anormal en el embarazo. Es muy doloroso, y en ese proceso, ella pasa de usar bastón a caminar con un andador y, finalmente, a la silla de ruedas al final de cada embarazo. Es un momento "real" para nosotros, pero también un momento en el que el amor de Cristo puede entrar en esa realidad, y en nuestros sacrificios amorosos, dirigiendo nuestros corazones hacia Él. Theresa enfrenta ese dolor con una gracia admirable; a veces con lágrimas, otras con momentos de descanso en medio del sufrimiento, pero incluso en esos instantes, mientras lucha hora tras hora, el amor de Cristo puede penetrar y transformar nuestros corazones. Esto también implica que Peter tenga que dar más, especialmente cuando Theresa está muy debilitada. Aunque no es perfecto y a veces pierde la paciencia, él sigue esforzándose por amar más, por dar más, por librar las batallas con los niños y asegurarse de que lleguen a todas sus actividades. En esos esfuerzos, el amor de Cristo entra y transforma cada acto de amor en nuestro matrimonio, acercándonos más profundamente al corazón de Dios, siempre que podamos abrir nuestros corazones a la gracia que está ahí para nosotros.

¿La espiritualidad conyugal afecta la unión sexual de los esposos?

De acuerdo, repasemos lo que sabemos hasta ahora. San Juan Pablo II nos ha enseñado que "la gracia sacramental del matrimonio no es solo una teoría, sino un verdadero don"[188] que los cónyuges pueden utilizar para esforzarse hacia la perfección cristiana. Esta gracia sacramental impacta toda su vocación y la "totalidad multilateral que constituye su vida conyugal".[189] También hemos aprendido que la perfección cristiana se fundamenta en el mandamiento de amar, y que "lo que es amor también es perfección, incluso cuando ocurre en las áreas de la carne".[190]

Cuando San Juan Pablo II explicó esto, se centró en la vida de los matrimonios en su conjunto. Sin

---

[188] *El Amor es la Base Moral del Matrimonio, 7. La Gracia Sacramental No Es Solo Una Teoría.*
[189] *Ibid.*
[190] *Ibid.*

embargo, también podría decirse específicamente de la unión sexual entre esposos cristianos. El acto sexual no es una acción que esté inherentemente dirigida hacia la santidad de la misma manera que el matrimonio no es un "estado de perfección". Sin embargo, dado que es un acto de amor en la unión de los esposos cristianos, es posible que los cónyuges puedan actuar en santidad en su unión conyugal. Como se mencionó, lo que es amor también es perfección. La perfección cristiana es santidad.

Posibilitada por la gracia santificante del sacramento del matrimonio, su espiritualidad conyugal eleva su unión sexual a la dignidad de la persona. *No para trascenderla o abstraerse de la corporalidad real de su unión física, sino para transformarla, siendo una experiencia física y real, y al mismo tiempo un acto de unión sagrada.*

Cuando el esposo y la esposa han orientado sus vidas para estar abiertos a la gracia del sacramento y están creciendo en su espiritualidad conyugal, no necesitan temer a la carne. A través del misterio de la Encarnación, el cuerpo ha sido redimido. La comunión fructífera entre el esposo y la esposa es un don de Dios. San Juan Pablo II nos advierte que este miedo a que la línea entre el pecado y la santidad en el matrimonio sea delgada es una "ilusión"[191]. Existe una gran diferencia, señala, entre aquellos que se orientan y orientan sus vidas hacia la búsqueda de la perfección cristiana y aquellos que se orientan hacia "impulsos

---

[191] *Ibid., 6. ¿"Fidelidad a la Naturaleza" o "Fidelidad a la Gracia"?*

espontáneos"[192]. Profundizar la relación con Dios y con el cónyuge en la espiritualidad conyugal es un medio eficaz para orientarse hacia la perfección cristiana.

+++

Cuando un matrimonio se abre a la gracia del sacramento, su matrimonio encarna la relación conyugal entre Cristo y su Iglesia. La espiritualidad conyugal también posibilita el cumplimiento de *Humanae Vitae* en la vida de los cónyuges, lo que permite que el amor divino entre y conduzca a una alegría duradera.

El punto final de la espiritualidad conyugal es que se necesita el apoyo de una comunidad comprometida para que crezca. Por eso San Juan Pablo II escribió La Regla para *Grupos* de Matrimonios y no solo para parejas individuales. Reconoció la necesidad de que los cónyuges sean apoyados por una comunidad católica comprometida para darles el valor de confiar y entregarse completamente a su matrimonio, cada momento de cada día. Y al hacerlo, los acercará aún más a esta "órbita de gracia" con Dios.

---

[192] *Ibid.*

15

Estudiando el Matrimonio, Apostolado y Oración La Regla, #4, #5

Ahora nos enfocamos en los últimos tres temas dentro de la promesa de los Grupos de Matrimonios. Estos son el compromiso de estudiar el matrimonio, de servir a través de un apostolado y de la oración específica.

Estudiando el Matrimonio

En el cuarto punto de La Regla, vemos la necesidad de aprender constantemente sobre la verdad del matrimonio. San Juan Pablo II explica el propósito principal de estos grupos: que cada pareja cultive una espiritualidad adecuada para que "las enseñanzas integrales de Jesucristo sobre el matrimonio y la familia, proclamadas por la Iglesia, puedan realizarse en su vida matrimonial con plena comprensión y pleno amor".[193] Si queremos poder tener la verdad del matrimonio realizada dentro de nuestra unión particular "con plena comprensión", entonces debemos seguir trabajando para comprender las enseñanzas de la Iglesia sobre el matrimonio. Esto no significa que cada pareja deba ser especialista, sino que dediquen tiempo a aprender la verdad, aunque sea solo en pequeñas partes.

Si deseamos tener en cuenta la visión integral de la persona, lo real y lo ideal, entonces necesitamos tener una visión de lo que realmente es el ideal cristiano para el matrimonio. Entendemos este ideal cristiano estudiando el matrimonio. Hemos visto que San Juan Pablo II nunca fue un microgestor; él cree en la bondad del corazón humano y tiene gran confianza en que elegiremos el camino correcto. Una forma en que las parejas pueden lograr esto es incorporando una pequeña enseñanza en cada reunión del Grupo de Matrimonios. Otra idea es que se aliente a las parejas a asistir a un retiro matrimonial anual. El punto es que debemos seguir aprendiendo. Dios siempre tiene algo nuevo que enseñarnos a través de las Sagradas Escrituras y las enseñanzas de la Iglesia.

La lectura de este libro es parte de esa profundización de nuestra comprensión. Trabajar para comprender la rica enseñanza que San Juan Pablo II nos ha dejado (a través de estos textos anteriores y más tarde como Papa) también es parte de esta visión del ideal cristiano. Necesitamos ofrecer esta hermosa

---

[193] *La Regla, n.4.*

visión a otros también. Cuando aprendemos la alegre verdad del matrimonio, nos inspiramos a alcanzarla.

En nuestras vidas profesionales, necesitamos una cierta cantidad de "educación continua". Si queremos ponernos en forma física, sabemos que es necesario tiempo y esfuerzo adicionales. De la misma manera, si queremos una unión conyugal fuerte, necesitamos dedicar tiempo a trabajar en nuestro matrimonio. Estudiar el matrimonio es una excelente manera para fortalecer nuestra relación y profundizar nuestra vida espiritual.

Estudiar el matrimonio no tiene por qué ser una tarea intimidante. No hay preguntas de examen y no se tiene que escribir una tesis. Theresa y Peter, incluso con sus títulos avanzados en teología (específicamente enfocados en el matrimonio), se han dado cuenta que con solo compartir conceptos básicos con las parejas comprometidas, cuando las están preparando, son todo lo que se necesita para enriquecer su futuro matrimonio.

Sin importar el nivel de profundidad en el que se estudie el matrimonio, siempre llegará un momento de darnos cuenta de que podríamos hacer algo diferente. Un momento de comprensión que nos hará pensar: "¡Es cierto! ¡Deberíamos estar haciendo esto!" Esa es la belleza de estudiar el matrimonio: pase lo que pase, te ofrecerá innumerables oportunidades para ser un mejor cónyuge.

Una cosa que San Juan Pablo II destaca al estudiar el matrimonio es la necesidad de enfocar nuestra comprensión del mismo de una manera más positiva.[194] Debemos afirmar la posibilidad de la santidad a través del amor en el que se fundamenta un matrimonio. De igual manera, con el problema de la anticoncepción, la percepción de la enseñanza de la Iglesia debe entenderse desde una perspectiva positiva. A través de *Humanae Vitae* y las enseñanzas de la Iglesia sobre el matrimonio, la Iglesia está diciendo "¡Sí!" al gran plan de Dios para el amor y la sexualidad. La Iglesia está diciendo "¡Sí!" a un amor que se entrega sin reservas, un amor que atrae a los cónyuges al corazón mismo de Dios.

Debemos ofrecer a los matrimonios una visión positiva y alegre de su vocación. Las exigencias de la vida serán más fáciles de sobrellevar si pueden ver su vocación a la luz de la posibilidad de la perfección cristiana y una vida de alegría. Debemos mantener siempre ante ellos este hermoso ideal: quiénes están llamados a ser en la plenitud de Dios.

Todo lo que aprendemos en esta instrucción de estudiar el matrimonio es únicamente para profundizar e *impactar* nuestra espiritualidad conyugal. Existe una diferencia entre ser teólogo y ser santo. El hecho de que aprendamos verdades no significa que siempre las pongamos en práctica. Comprometámonos a comprender la verdad para que la verdad se haga real en nuestras vidas diarias.

+++

---

[194] *El Amor es la Base Moral del Matrimonio.*

Apostolado

El quinto punto de La Regla envía al matrimonio y, de hecho, al grupo de matrimonios, a salir al encuentro en el amor. El apostolado debe ser decidido por el grupo. Esto permite que cada grupo desarrolle su propio carisma, lo que es más importante para ellos como un todo. Algunos grupos pueden sentirse llamados a servir en los ministerios juveniles de su parroquia, mientras que otros eligen dedicar su apostolado a ayudar a un ministerio provida o a servir a los pobres. Lo importante es que los miembros del grupo sirvan de esta manera juntos, fortaleciendo así la comunidad entre ellos. Como familia de familias, para ser auténtico, el amor del grupo debe ser un amor de entrega que se dirige hacia el exterior.

Aunque el padre Wojtyła no lo especifica, sí encontramos un gran énfasis en la necesidad de que toda la comunidad participe en la preparación del matrimonio. Quizás, de alguna manera, esto podría incorporarse a cada uno de los apostolados de los Grupos de Matrimonios. Él dice que depende de toda la comunidad preparar y apoyar a los matrimonios para que puedan crecer en la perfección cristiana. Debemos entender que "el futuro del matrimonio, el futuro de todos y cada uno de los matrimonios individuales, depende de todos y cada uno de nosotros".[195] El futuro de los matrimonios depende de cada Grupo de Matrimonios.

Aaron, un esposo de un grupo de parejas casadas del WCI, reflexiona sobre el aspecto apostólico de La Regla:

> Creo que esta es una sección importante de La Regla. Como grupo de matrimonios, no estamos aquí solo para nosotros mismos, sino para ser testigos vivos del gozo que se encuentra en el sacramento del matrimonio y para devolver ese gozo a la Iglesia. Dediquen tiempo a discutir qué ha puesto el Espíritu Santo en el corazón de todas las parejas del grupo.
>
> Para nuestro grupo, el apostolado que hemos elegido es la preparación y enriquecimiento matrimonial. Nos dimos cuenta desde el principio que todas las parejas de nuestro grupo, excepto mi esposa y yo, tenían un papel activo en la preparación matrimonial a través de nuestra parroquia. El testimonio de las parejas de nuestro grupo de invertir en quienes se preparan para el matrimonio nos inspiró a Emily y a mí también. Aunque siempre habíamos tenido interés en la preparación matrimonial, a menudo pensábamos que éramos "demasiado

---

[195] *Reflexiones sobre el Matrimonio, 2. Educación Para el Matrimonio –la Cultura de la Persona.*

nuevos" en el matrimonio para guiar a otros. Pero, en el espíritu de nuestro apostolado como grupo de matrimonios, nos dimos cuenta de que también teníamos mucho que ofrecer. Mi esposa y yo tenemos el compromiso ahora de invertir en parejas más jóvenes —en relación de noviazgo, comprometidas o casadas— invitándolas a nuestra casa a comer, para conocerlos mejor y ser un testimonio de la alegría del matrimonio y la paternidad para ellos.

+++

Oración

Además del apostolado, el grupo está llamado a la oración. A lo largo de toda nuestra conversación sobre *cómo* vivir un matrimonio auténticamente cristiano, el encuentro con Dios en la oración es vital. Esto es importante como individuo y como matrimonio (especialmente para crecer en la profunda unidad de la espiritualidad conyugal), pero también es importante como comunidad. Cuando rezamos juntos, nos apoyamos mutuamente de una manera profunda, dando fortaleza al alma, para saber que no estamos solos.

Como observamos anteriormente, San Juan Pablo II confiaba en que la implementación de La Regla se llevaría a cabo en cada Grupo de Matrimonios sin necesidad de que él la supervisara minuciosamente.

Sin embargo, sí especificó por qué debía orar cada grupo. Dado que es raro que él dé instrucciones tan específicas, debemos prestar especial atención a sus palabras. El Grupo de Matrimonios debe orar concretamente por las otras parejas del grupo, por los matrimonios en general, y para que la verdad sobre el matrimonio y la familia sea comprendida tanto en la Iglesia como en el mundo. Cada una de estas intenciones también toca la visión integral de la persona.

El grupo también debe orar por cada pareja en particular; esta es una oración por la pareja en su situación actual (la realidad de su vida). También están llamados a orar por todos los matrimonios. Esta es una oración más general, pero aún centrada en lo "real". Orar para que la verdad sobre el matrimonio sea conocida en la Iglesia y en el mundo es contemplar el ideal y suplicar a Dios que todos puedan ver ese ideal para así esforzarse por alcanzarlo. El método de oración que use el grupo queda a discreción de cada uno. Desde oraciones más contemplativas hasta alabanzas, oración carismática, adoración u otras formas de oración, cada grupo desarrollará su propio estilo de oración a medida que progrese y crezca.

Steve y Allison, una pareja de un Grupo de Matrimonios del WCI, comparten esto sobre la oración:

> Como parte de nuestras reuniones semanales del Grupo de Matrimonios, no solo compartimos nuestros momentos altos y bajos y los momentos en que hemos sentido a Dios, sino que también

compartimos nuestras intenciones de oración. Al ser vulnerables y compartir estas intenciones con las otras parejas, crecemos en cercanía y nos convertimos en una parte importante de la vida de los demás. No solo se elevan oraciones por nuestras intenciones, sino que, al orar por los demás, también aprendemos a crecer en nuestra propia vida de oración. Podemos ofrecer sacrificios personales por las necesidades de los demás, ya sea mediante la oración, el ayuno, la abstinencia u otra forma de sacrificio. Incluso podemos encontrarnos siendo humildes al ofrecer algo de nosotros mismos por las necesidades de los demás.

Como esposos, descubrimos que tener un espacio en nuestro hogar dedicado a la oración, ha sido de gran ayuda para nuestro deseo de rezar juntos como pareja. Usamos este espacio para unirnos y compartir lo que llevamos en el corazón, para orar juntos, para ofrecer la Santa Misa, y, en última instancia, para crecer en nuestra espiritualidad conyugal.

El Testimonio de Oración de San Juan Pablo II
Totus Tuus, Maria.

San Juan Pablo II tenía una profunda devoción a la Santísima Virgen María. Incluso cuando era niño, ya tenía una conexión especial con ella. Su propia madre falleció cuando él tenía solo nueve años. En ese momento, acudió a María para que fuera su madre de una manera especial. Aunque en algún momento se cuestionó si debía dar menos énfasis a su devoción mariana, leer a San Luis María Grignion de Montfort le dio la confianza para seguir confiando en María también en su vida adulta.

Cultivar una devoción mariana también es importante para quienes siguen La Regla, porque él la confió a Nuestra Señora. Lo sabemos porque, escrito en la parte superior de las páginas manuscritas del primer borrador de La Regla, están las palabras: *Totus Tuus ego sum et omnia mea tua sunt*:

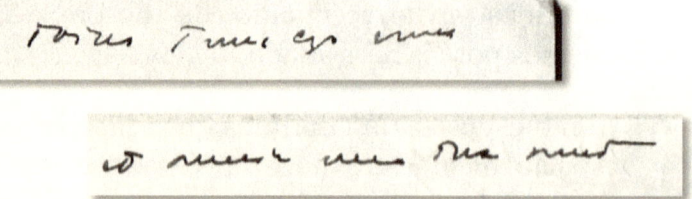

Esta era una expresión de San Luis María de Montfort: "Soy todo tuyo, y todo lo mío es tuyo... Oh amado Jesús, a través de María, tu Santa Madre". Y aquí encontramos esas palabras escritas en la parte superior de La Regla. Nosotros también deberíamos ofrecer nuestros propios matrimonios a Jesús por medio de María.

San Juan Pablo II lo entregó todo a María, incluso su pontificado. Tan pronto como fue elegido Papa, puso todo su pontificado bajo la protección de María. En la Plaza de San Pedro en Roma, el 16 de octubre de 1978, dijo:

"En esta hora grave que da lugar a la inquietud, no podemos hacer otra cosa que volver nuestra mente con devoción filial a la Virgen María, que vive y actúa siempre como Madre en el misterio de Cristo, y repetir las palabras: 'Totus tuus' (todo tuyo)".

Luego, el 13 de mayo de 1981, el Pontífice sobrevivió milagrosamente a un intento de asesinato, y atribuyó este milagro a Nuestra Señora de Fátima. George Weigel cuenta la historia:

Juan Pablo diría más tarde que: "Una mano disparó y otra guió la bala". Fue una confesión de intervención milagrosa que hasta el alma más secular podría haberse sentido tentada a aceptar... La respuesta personal de Juan Pablo II a la pregunta de cómo debía entenderse su pontificado, e incluso su vida, se dio en Portugal, en el santuario de Nuestra Señora de Fátima, los días 12 y 13 de mayo de 1982. Había ido allí en peregrinación en el primer aniversario del atentado de Mehmet Ali Agca, para dar gracias a Dios y a María por haberle salvado la vida. Al llegar a Fátima, el Papa resumió de manera concisa su visión de la vida, la historia y su propia misión en una frase cargada de significado: "En los designios de la Providencia no hay meras coincidencias". El atentado mismo, el hecho de que ocurriera en la fecha de la primera aparición mariana en Fátima, las razones por las que ocurrió, su supervivencia—nada de esto fue un accidente, así como tampoco lo fueron los otros acontecimientos de su vida, incluida su elección al pontificado.[196]

San Juan Pablo II compartió esto sobre su devoción mariana en el año 2003:

Jesús te entrega a su Madre para que ella te consuele con su ternura. Ella ejercerá su ministerio de madre y te formará y modelará hasta que Cristo esté plenamente formado en ti. Por eso deseo ahora repetir el lema de mi servicio episcopal y pontifical: "Totus tuus" (completamente tuyo). A lo largo de mi vida he experimentado la presencia amorosa y fuerte de la Madre de Nuestro Señor. María me acompaña cada día en el cumplimiento de mi misión como sucesor de Pedro. María es la Madre de la gracia divina, porque es la Madre del Autor de la gracia. ¡Entréguense a ella con total confianza! [197]

A lo largo de su vida, compuso muchas oraciones a la Madre de Dios, incluyendo esta, que es una oración a Nuestra Señora de Guadalupe:

Oh, Virgen Inmaculada, ¡Madre del verdadero Dios y Madre de la Iglesia!, que desde este lugar revelas tu clemencia y tu compasión a todos los que solicitan tu protección, escucha la oración que te dirigimos con filial confianza y

---

[196] Weigel, 413, 440.
[197] Juan Pablo II, *Mensaje del Santo Padre Juan Pablo II para la XVIII Jornada Mundial de la Juventud*, 8 de marzo de 2003.

preséntala a tu Hijo Jesús, nuestro único Redentor.

Madre de la Misericordia, Maestra del sacrificio oculto y silencioso, a ti, que vienes a nuestro encuentro como pecadores, dedicamos en este día todo nuestro ser y todo nuestro amor. También te dedicamos nuestra vida, nuestro trabajo, nuestras alegrías, nuestras enfermedades y nuestras tristezas. Concede paz, justicia y prosperidad a nuestros pueblos; porque te confiamos todo lo que tenemos y todo lo que somos, nuestra Señora y Madre.

Deseamos ser totalmente tuyos y caminar contigo por el camino de la completa fidelidad a Jesucristo en su Iglesia; sostennos siempre con tu mano amorosa.

Virgen de Guadalupe, Madre de las Américas, te pedimos por todos los Obispos, para que guíen a los fieles por caminos de intensa vida cristiana, de amor y humilde servicio a Dios y a las almas.

Contempla esta inmensa cosecha, e intercede ante el Señor para que infunda un hambre de santidad en todo el pueblo de Dios, y conceda abundantes vocaciones de sacerdotes y religiosos, fuertes en la fe y celosos dispensadores de los misterios de Dios.

Concede a nuestros hogares la gracia de amar y respetar la vida en sus inicios, con el mismo amor con el que concebiste en tu seno la vida del Hijo de Dios. Bendita Virgen María, protege a nuestras familias para que siempre estén unidas, y bendice la crianza de nuestros hijos.

Nuestra esperanza, míranos con compasión, enséñanos a ir continuamente a Jesús y, si caemos, ayúdanos a levantarnos, a regresar a Él, mediante la confesión de nuestras faltas y pecados en el sacramento de la penitencia, que da paz al alma.

Te suplicamos que nos concedas un gran amor por todos los santos sacramentos, que son los signos que tu Hijo nos dejó en la tierra. Así, Madre Santísima, con la paz de Dios en nuestra conciencia, con nuestros corazones libres de mal y odio, podremos llevar a todos la verdadera alegría y la verdadera paz, que nos vienen de tu Hijo, nuestro Señor Jesucristo, quien, con Dios Padre y el Espíritu Santo, vive y reina por los siglos de los siglos. Amén.[198]

Cuando entregamos todo a María — todos nuestros esfuerzos, todos nuestros éxitos, todos nuestros fracasos, todo lo que somos — ella mantiene estos esfuerzos puros y los preserva de ser contaminados por nuestro propio pecado. También nos ayuda en nuestro camino de fe, guiándonos siempre, amándonos, consolándonos. Ella no es solo una Reina Madre sentada distante en un trono, sino que quiere ser tu madre personal, para ayudarte especialmente cuando sientes la realidad de este "valle de lágrimas". San Juan Pablo II encomendó La Regla y a todos los

---

[198] Juan Pablo II, *Oración a Nuestra Señora de Guadalupe*, enero de 1979.

que la siguen a María, escribiendo *Totus Tuus ego sum et omnia mea tua sunt* en la parte superior de las páginas. Seguimos su ejemplo y ponemos nuestras vidas en las manos de María.

El testimonio de oración de San Juan Pablo II
Divina Misericordia:
"No hay nada que el hombre necesite más que la Divina Misericordia."

Aunque no se menciona en La Regla, la devoción a la Divina Misericordia era muy querida para San Juan Pablo II, como se vio a lo largo de su pontificado. El primer viaje que hizo fuera de Roma, después de haber sido herido, fue al Santuario del Amor Misericordioso en Collevalenza, Italia. Allí dijo:

> Hace un año publiqué la encíclica *"Dives in Misericordia"* (Rico en Misericordia). Esto me ha llevado hoy al Santuario del Amor Misericordioso. Con mi presencia, deseo reafirmar, de algún modo, el mensaje de esa encíclica. Deseo volver a leerlo y proclamarlo nuevamente. Desde el comienzo mismo de mi ministerio en la Sede de San Pedro en Roma, consideré este mensaje como una tarea especial. La Providencia me lo ha encomendado en la situación actual del hombre, de la Iglesia y del mundo. Se podría decir que, precisamente, esta

situación me ha confiado ese mensaje como mi misión ante Dios.[199]

Cuando el Papa Juan Pablo II hizo una peregrinación al Santuario de la Divina Misericordia en Łagiewniki, Polonia, el 7 de junio de 1997, dijo:

He venido a este Santuario como peregrino para participar en el himno incesante en honor de la Divina Misericordia... No hay nada que el hombre necesite más que la Divina Misericordia: ese amor que es benevolente, que es compasivo, que eleva al hombre por encima de su debilidad hasta las alturas infinitas de la santidad de Dios. En este lugar, somos particularmente conscientes de ello. Desde aquí, de hecho, salió el mensaje de la Divina Misericordia que Cristo mismo eligió transmitir a nuestra generación a través de la Beata Faustina.

Y es un mensaje que es claro y comprensible para todos. Cualquier persona puede venir aquí, mirar esta imagen de Jesús Misericordioso, su Corazón irradiando gracia, y escuchar en lo más profundo de su alma lo que la Beata Faustina escuchó: "No temas. Estoy contigo siempre" (Diario, q. II). Y si esta persona responde con un corazón sincero: "¡Jesús, en ti confío!", encontrará consuelo en todas sus ansiedades y miedos. En este diálogo de

---

[199] San Juan Pablo II, homilía en el Santuario del Amor Misericordioso en Collevalenza, Italia, 22 de noviembre de 1981.

abandono, se establece entre el hombre y Cristo un vínculo especial que libera el amor. Y "en el amor no hay temor, sino que el amor perfecto echa fuera el temor" (1 Jn 4:18).

La Iglesia relee el Mensaje de la Misericordia para llevar con mayor eficacia a esta generación al final del Milenio y a las futuras generaciones la luz de la esperanza. Incesantemente, la Iglesia implora a Dios misericordia para todos. "En ningún momento y en ningún periodo histórico —especialmente en un momento tan crítico como el nuestro— puede la Iglesia olvidar la oración que es un grito por la misericordia de Dios en medio de las muchas formas de mal que pesan sobre la humanidad y la amenazan... Cuanto más la conciencia humana sucumbe a la secularización, pierde el sentido del mismo significado de la palabra 'misericordia', se aleja de Dios y se distancia del misterio de la misericordia, más la Iglesia tiene el derecho y el deber de apelar al Dios de la misericordia 'con fuertes gritos'" (*Dives in Misericordia*, 15).

El Mensaje de la Divina Misericordia siempre ha estado cerca y muy querido por mí. Es como si la historia lo hubiera inscrito en la trágica experiencia de la Segunda Guerra Mundial. En aquellos años difíciles fue un apoyo particular y una fuente inagotable de esperanza, no solo para el pueblo de Cracovia, sino para toda la nación. Esta fue también la experiencia personal, que llevé conmigo a la Sede de Pedro y que, en cierto sentido, forma la imagen de este

Pontificado. Doy gracias a la Providencia Divina por haberme permitido contribuir personalmente al cumplimiento de la voluntad de Cristo, a través de la institución de la Fiesta de la Divina Misericordia. Aquí, cerca de las reliquias de la Beata Faustina Kowalska, doy gracias también por el don de su beatificación. Rezo sin cesar para que Dios tenga "misericordia de nosotros y del mundo entero" (Coronilla). [200]

Y luego, en la canonización de Santa Faustina, él dijo:

Con este acto de canonización de Santa Faustina, deseo hoy transmitir este mensaje al tercer milenio. Lo transmito a todos los hombres y mujeres, para que conozcan cada vez mejor el verdadero rostro de Dios y el verdadero rostro del prójimo. En efecto, el amor a Dios y el amor al prójimo son inseparables...

Y tú, Santa Faustina, don de Dios para nuestro tiempo, don de la tierra de Polonia para toda la Iglesia, alcánzanos la comprensión de la profundidad de la Divina Misericordia; ayúdanos a tener una experiencia viva de ella y a dar testimonio entre nuestros hermanos y

---

[200] San Juan Pablo II, homilía en el Santuario de la Divina Misericordia en Łagiewniki, Polonia, 7 de junio de 1997. https://www.vatican.va/content/john-paul-ii/en/travels/1997/documents/hf_jp-ii_spe_07061997_sr-faustina.html

hermanas.

Que tu mensaje de luz y esperanza se difunda por todo el mundo, impulsando a los pecadores a la conversión, calmando rivalidades y odios, y abriendo a las personas y a las naciones a la práctica de la fraternidad.

Hoy, fijando contigo nuestra mirada en el rostro de Cristo resucitado, hagamos nuestra tu oración de abandono confiado y digamos con firme esperanza: ¡Jesús, en ti confío! [201]

Incorporamos la Divina Misericordia en nuestras vidas, no solo como oraciones adicionales para decir, sino para dejar que la misericordia de Dios penetre en nuestros matrimonios, impacte nuestra espiritualidad y nos acerque cada vez más al corazón de nuestro Padre.

---

[201] San Juan Pablo II, homilía en la Canonización de Sor María Faustina Kowalska, domingo 30 de abril de 2000.
https://www.vatican.va/content/john-paul-ii/en/homilies/2000/documents/hf_jp-ii_hom_20000430_faustina.html

16

Iluminando la Oscuridad con la Chispa de Polonia

Así que aquí estamos. Hemos llegado al final de nuestro descubrimiento de este asombroso regalo de San Juan Pablo II, que permaneció sin abrir durante más de cincuenta años. Nos sumergimos profundamente y absorbimos su sabiduría, nos maravillamos ante el misterio de la gracia disponible en el sacramento del matrimonio y volvimos a mirar *Humanae Vitae* con nuevos ojos.

Reflexionamos sobre cuán sagrada, cuán verdaderamente santa puede ser nuestra vocación matrimonial. Nos maravillamos ante la idea de ser la "acción de Dios" en la vida de nuestro cónyuge y de lo profundamente unidos que podríamos estar espiritualmente para tener una sola vida interior entre los dos.

Contemplamos si podríamos ver a otras parejas tanto en lo real como en lo ideal, reconocer sus luchas y escucharlas sinceramente, y aun así animarlas con amor a la santidad. Nos preguntamos si podríamos formar parte de una comunidad que viviera radicalmente el Evangelio, y si todos nosotros, en ese acto de entregar nuestro ser por amor en la vida cotidiana, podríamos comenzar juntos a generar un cambio cultural.

Ahora vemos que la visión de San Juan Pablo II para La Regla era enriquecer a los buenos matrimonios y llevarlos a una grandeza espiritual en Cristo, por medio de la gracia sacramental y el apoyo de la comunidad cristiana. Puede que incluso hayamos sido testigos de que la alegría duradera en el matrimonio realmente es posible, a pesar de la cultura caótica y acelerada en la que vivimos.

Sabiendo todo esto, ¿desde aquí hacia dónde nos dirigimos?

Tomamos lo que hemos aprendido y lo llevamos a la acción en nuestras vidas. Al final de la primera parte, hablamos de la iniciativa para implementar formalmente La Regla. La Comunidad e Instituto Wojtyła (WCI, por sus siglas en inglés) es una organización sin fines de lucro cuya única misión es ayudar a los matrimonios a vivir La Regla de San Juan Pablo II. El WCI acompaña a las parejas a comenzar un Grupo de Matrimonios que la estudia y ofrece un cuaderno de trabajo, que es un recurso extraordinario para guiar al grupo semana tras semana en oración, formación y en la vivencia concreta de los temas de La Regla dentro de su matrimonio.

El inspirador y devoto equipo del WCI también ofrece apoyo a través de formación para líderes, educación continua sobre La Regla, una guía de ideas para líderes, eventos comunitarios, retiros, recursos para directores de matrimonios y pastores, y mucho más.

Juntos estamos construyendo no solo comunidades locales que viven radicalmente el Evangelio, sino también una red de comunidades que se apoyan mutuamente y viven bajo la guía de San Juan Pablo II. El Santo Padre habló del papel de esta comunidad no solo como apoyo a los matrimonios individuales, sino también como instrumento para provocar un cambio cultural, reconstruyendo la cultura de la persona en la Iglesia y en el mundo. En efecto, "el futuro del mundo y de la Iglesia pasa por la familia".[202]

Debemos hacer comunidad para superar los desafíos de la cultura moderna.

San Juan Pablo II ya podía ver en 1957 los cambios socioeconómicos que estaban transformando la sociedad moderna. Estos cambios afectarían en gran medida la dignidad de la persona y la manera en que los matrimonios y las familias vivirían. Él puso un énfasis específico en los tres cambios más cruciales: "la necesidad de que ambos cónyuges trabajen profesionalmente, con todas sus consecuencias sobre la vida familiar y la educación de los hijos, la falta de medios materiales necesarios para comenzar y

---

[202] Familiaris Consortio, 75.

mantener una familia, y lo más grave, especialmente en las grandes ciudades, la falta de vivienda".[203]

La sociedad está empujando a los cónyuges hacia un modo de existencia que no siempre es compatible con criar una familia de manera cristiana. Él llama a esto el "callejón sin salida" en el que los cónyuges pueden quedar atrapados. Estas mismas luchas siguen siendo reales hoy en día. Muchas personas sienten que simplemente no hay suficientes opciones para que su familia crezca en la fe, ya que el trabajo, la escuela y las actividades deportivas ocupan tanto tiempo. También deben ser diligentes en seguir las clases de cada niño para asegurarse de que la fe no se vea debilitada. En algunas situaciones, una familia puede decidir educar en casa; en otros casos, eso puede que no sea posible.

Todos los desafíos que provienen de una cultura cada vez más anticristiana revelan un alejamiento de la comprensión de la visión integral de la persona, especialmente al no reconocer a Dios como el autor de la vida y de la sexualidad humana. Y San Juan Pablo II dice que, cuando la sociedad ya no respeta la dignidad de la persona, debemos crear nuestra propia comunidad en la que se mantenga la cultura de la persona y en la que las parejas puedan ser apoyadas para vivir su matrimonio de una manera auténticamente cristiana.[204]

Por eso se fundó el WCI.

---

[203] *Reflexiones sobre el Matrimonio, 3. Economía y Personalismo.*
[204] *Reflexiones sobre el Matrimonio, 2. Educación Para el Matrimonio – la Cultura de la Persona.*

La Regla ha esperado lo suficiente. Ya es hora.

+++

Te dejamos con tres puntos finales para tener en cuenta mientras respondemos al llamado de San Juan Pablo II.

1. ¡Debemos estar dispuestos a ser heroicos!

San Juan Pablo II afirma que, en circunstancias normales, no se exigiría a los fieles una virtud heroica; sin embargo, "hay ciertas condiciones extraordinarias que pueden requerir (heroísmo)".[205] Señala que la forma en que tradicionalmente se ha realizado la preparación matrimonial y el acompañamiento conyugal ya no es suficiente para contrarrestar el estilo de vida de la sociedad moderna. Observa que los cristianos se han visto sorprendidos al ver que sus esfuerzos ya no logran los frutos esperados, mientras son testigos del declive moral en los matrimonios.

Si queremos vivir plenamente una vida cristiana, necesitamos "intensificar nuestros esfuerzos en la dimensión moral relacionada con la cultura de la persona en la vida matrimonial y familiar".[206] No podemos evitar esta realidad. Debemos hablar con sinceridad a las parejas comprometidas sobre las

---

[205] *Ibid.*
[206] *Ibid.*

luchas que enfrentarán y cómo necesitarán la gracia de Dios para alcanzar la virtud heroica. Las parejas deben comprender "cuánto les exigirá esta decisión en su vida desde el punto de vista moral".[207] No se trata de asustarlas, sino de animarlas a aspirar a la perfección cristiana.

Más importante aún que preparar a las parejas comprometidas, necesitamos "elevar los estándares para nosotros mismos" también.[208] Debemos mirar dentro de nuestras propias vidas y encontrar el valor para vivir radicalmente para Cristo.

No dejes que esto te desanime. Debemos recordar que el cristianismo es una conversión personal a la persona de Jesucristo, no simplemente el cumplimiento de unas cuantas normas. No tienes que obligarte a ser una especie de guerrero solitario. A medida que crecemos en nuestra relación con Cristo y con nuestro cónyuge, ganaremos valentía, esperanza y visión.

Con el apoyo de una comunidad, podemos encontrar la fuerza para levantarnos y dejar de sentirnos atrapados o encerrados en un "callejón sin salida" espiritual, sin perder de vista esta conversión total de vida. Al esforzarse por la santidad y vivir en la "órbita de la gracia" con Dios, una pareja podrá vivir su matrimonio con alegría.

---

[207] *Ibid.*
[208] *Ibid.*

2. Concéntrate en el propósito principal de La Regla: ¡construir la espiritualidad conyugal!

El objetivo principal al seguir La Regla es la santidad de los esposos, incluyendo el apoyarse mutuamente mientras crecen en su relación con Dios. Incluso cuando nos entusiasmamos con los distintos aspectos de vivir La Regla (socializar, tener amistades cristianas sólidas, compartir tiempo con otras familias y servir juntos en un apostolado), siempre debemos recordar que la meta es nuestra relación con Dios.

¡La gran noticia es que este crecimiento en la espiritualidad conyugal es posible porque cada matrimonio católico ya tiene todo lo que necesita! Lo recibimos cuando dijimos "sí" a nuestro cónyuge en el altar: la gracia especial del sacramento del matrimonio. Cuando aprendemos a abrirnos más plenamente a la gracia, la espiritualidad conyugal puede crecer. Cuanto mayor sea la apertura, más crecerá.

La espiritualidad conyugal, esa "relación viva con la Trinidad y con el cónyuge",[209] nos ayuda a vivir en el amor de Dios y no por mera obligación.

Es la espiritualidad conyugal la que permite que el ideal de Dios para nosotros irrumpa en nuestra vida real y cotidiana. Aquello que son el esposo y la esposa en su vida diaria y ordinaria está siendo infundido con el misterio del amor oblativo de Cristo por la Iglesia,

---

[209] Grygiel, 21, "il rapport vivo con la Trinità e con il coniuge".

con el fin de llevarlos a convertirse en quienes están llamados a ser.

Mientras que cada persona fue creada para vivir en comunión, los esposos tienen un don único para entregarse profundamente y de manera personal, en cuerpo y alma, al otro. Y a medida que nos damos a los demás en amor, nos convertimos más claramente en la imagen y semejanza de Dios. Como reflexiona el arzobispo Fulton Sheen:

> El amor que siempre busca dar y siempre se ve derrotado al recibir es la sombra de la Trinidad en la Tierra y, por lo tanto, un anticipo del cielo. Padre, Madre, Hijo, tres personas en la unidad de la naturaleza humana: tal es la ley Trinitaria del Amor en el cielo y en la Tierra.[210]

¡Qué hermoso es que una familia santa refleje el amor de Dios al mundo!

Un regalo total y unificado de sí mismos en amor al otro y el abandono a la voluntad de Dios es el umbral que los esposos deben cruzar para hacer crecer su espiritualidad conyugal y vivir un matrimonio de alegría duradera. (¡No te preocupes! ¡La gracia de Dios te ayudará!)

3. ¡No debemos tener miedo!

---

[210] Ven. Fulton Sheen, *Three to get Married (Tres para Casarse)*, (Scepters Publishers: Princeton, 1951) 66-67.

No tengamos miedo de entregarnos en amor a nuestro cónyuge y a Dios. Esta cercanía única que los esposos tienen en su potencial para reflejar el amor trinitario de Dios, quien es una comunión de Personas divinas, es un hecho que, como dice San Juan Pablo II, "eleva e ilumina, pero también puede abrumar y asustar".[211] Nuestras individualidades son preciosas para nosotros y puede haber un gran temor de que, al entregarnos por completo a esta unión amorosa, nuestra propia unicidad se pierda. Sin embargo, recordemos que:

> El camino espiritual de los esposos no desvincula ni pasa por alto sus personalidades (individuales); al contrario, implica *íntegramente* a la persona en su totalidad, en el hombre y en la mujer. [212]

Nuestras personalidades no se pierden, sino que se perfeccionan.

La amorosa entrega total al otro y a Dios es una muerte a uno mismo; sin embargo, en la relación viva con la Santísima Trinidad, renacemos en esta unidad. Verdaderamente nos convertimos en nuestra mejor versión, y esto nos ayuda a forjarnos en lo que estamos destinados a ser. Sus vidas enteras están sumergidas en el amor de Dios. Junto a tu cónyuge, entras en una "órbita de gracia" con Dios, que impregna sus acciones, decisiones y luchas cotidianas con la vida y el

---

[211] *Reflexiones sobre el Matrimonio, 1. En la Base del Personalismo, b. El Orden de la Gracia.*

[212] Grygiel, 19, "Il cammino spirituale dei coniugi non astrae e non salta la loro personalità, al contrario presuppone l'integrale persona dell'uomo e della donna".

amor de Dios. No solo seremos capaces de llevar mejor nuestras cruces diarias, sino que seremos capaces de llevarlas con alegría duradera.

Y este resultado de alegría duradera en la vida de uno es un objetivo digno del sacrificio. Cuando una pareja puede, en su unidad, ser atraída a esta "órbita de gracia", están envueltos en el amor divino. Y Dios, que es Amor, renueva su amor conyugal, perfecciona su individualidad, entra en cada fibra de su unión y los rehace, atrayéndolos a Su vida divina; caminan sobre la tierra, pero viven en el cielo.

Cuando el amor divino ha besado tu matrimonio, no hay cruz que sea demasiado pesada para llevar. Los placeres del mundo moderno pierden entonces su poder sobre las almas de los esposos, ya que palidecen en comparación con el éxtasis de la unión con Dios.

En su diario, Santa Faustina relató que Jesús le prometió:

> Yo llevo un amor especial por Polonia, y si ella es obediente a Mi voluntad, la exaltaré en poder y santidad. De ella saldrá la chispa que preparará al mundo para Mi segunda venida. (n. 1732).

Muchos ven a San Juan Pablo II como esa chispa, esa luz de Polonia. No solo fue el Papa más influyente de los tiempos modernos, sino que ahora nos ha dejado — ¡justo cuando más lo necesitamos! — La Regla, que los esposos pueden seguir como una guía en estos tiempos desafiantes.

Dios nos está pidiendo que tomemos la antorcha de esta luz de Polonia y la llevemos al mundo una vez más. Esta es la clave para transformar la cultura a través de la familia, matrimonio por matrimonio, apoyando a los esposos y mostrándoles la santidad que es posible para ellos.

Una chispa puede iluminar la oscuridad. Llevemos, juntos, la chispa de Polonia hacia adelante. Llevemos la luz de Cristo a los esposos. Abrámonos al Espíritu Santo. Seamos valientes. Creemos un levantamiento de nueva evangelización que arrase con la influencia del secularismo.

Un nuevo amanecer del catolicismo nos espera. Juntos avanzaremos con la voz de San Juan Pablo II resonando en nuestros oídos: "¡No tengáis miedo!"

Únete a un Grupo de Matrimonios del WCI ¡Hoy Mismo!

1. Visita JP2Rule.com

2. Envía un mensaje al Equipo del WCI. Cuéntanos quién eres, dónde vives y qué te inspiró a ponerte en contacto con nosotros.

3. Te responderemos en un plazo de 48 horas y te informaremos sobre los siguientes pasos para unirte (o iniciar) un Grupo de Matrimonios en tu área y convertirte en el agente de cambio cultural que has estado deseando.

4. O envíanos un correo electrónico directamente a info@wojtylaci.com. ¡Queremos saber de ti!!

Si eres un pastor o director de matrimonios, pregúntanos sobre nuestro plan de lanzamiento local del WCI. ¡Estamos aquí para servirte y llevar La Regla de San Juan Pablo II a tantas personas como sea posible!

ACERCA DE LOS AUTORES

Peter y Theresa Martin siempre sintieron el llamado de poner su matrimonio al servicio de la Iglesia. Los primeros cuatro años de su vida conyugal vivieron en Roma, Italia, estudiando teología. Asistieron a la Universidad Pontificia de Santo Tomás, el *Angelicum*, y en su cuarto año, Peter comenzó a estudiar en el Instituto Pontificio Juan Pablo II en Roma.

Después de regresar a Estados Unidos, Peter completó su Grado de Licenciatura Avanzada en Teología Sagrada en el Instituto Pontificio Juan Pablo II para Estudios sobre el Matrimonio y la Familia en Washington, D.C.

Theresa finalizó su Maestría en Teología, con especialización en Matrimonio y Familia, en el Instituto Maryvale de la Universidad Católica Internacional en Birmingham, Inglaterra. *La Regla para Grupos de Matrimonios* de San Juan Pablo II fue el texto principal de su disertación de maestría.

Los esposos Martin también son autores y fueron destacados en la revista institucional del Vaticano, *Educatio Catholica*.

Además de fundar la Comunidad y el Instituto Wojtyla junto a su esposa, Peter es el Director de la Oficina de Vida, Matrimonio y Familia, así como el Director de Comunicaciones de la Diócesis de Winona-Rochester, Minnesota. Theresa es la Directora Ejecutiva del WCI; sin embargo, el fruto más importante de su vocación es ser madre y educadora de sus hijos en el hogar, lo que le brinda una gran alegría.

Han estado casados por más de veinte años, se ríen mucho y saben que todo esto es obra de Dios; ellos simplemente están disfrutando el recorrido. Conocer a los Martin es conocer a los que serán tus mejores amigos; siempre están listos para recibir visitas, compartir una buena comida, tener conversaciones amenas, orar juntos, contar los chistes de papá más lamentables y servirte una copa de vino. Residen en un área rural de Wisconsin junto a sus ocho hijos.

APÉNDICE

HISTORIA DE LAS ENSEÑANZAS DE LA IGLESIA

Humanae Vitae simplemente reafirmó una enseñanza bien establecida.

Al proclamar en *Humanae Vitae* que "cada uno de los actos matrimoniales debe permanecer abierto a la transmisión de la vida"[213], San Pablo VI estaba afirmando una enseñanza bien establecida dentro de la Iglesia que se remonta al siglo primero. Para ilustrar esto, aquí hay solo algunos de los muchos ejemplos disponibles. En la Didaché, escrita en el año 80 d.C., hay un choque similar entre el cristianismo y los ideales del mundo que lo rodea: "Hay dos caminos: uno de vida y uno de muerte, y grande es la diferencia

---

[213] *HV*, 11.

entre ellos".[214] Más adelante, se refiere de manera más específica al matrimonio y al acto conyugal:

> No cometerás adulterio. No seducirás a los niños. No cometerás fornicación. No robarás. No practicarás magia. No usarás pociones. No procurarás un aborto, ni destruirás a un niño recién nacido.[215]

En los escritos de los Padres de la Iglesia, hay numerosas menciones sobre la oposición a las pociones y "medicinas de esterilidad". En reacción a un mundo que veía a los niños como una carga, San Juan Crisóstomo habla de "aquello que es dulce y universalmente deseable: la posibilidad de tener hijos".[216] Y San Cesáreo de Arlés incluso dice: "¿Quién es aquel que no puede advertir que ninguna mujer debe tomar una poción [un contraceptivo oral o abortivo] para que no pueda concebir... la castidad es la única esterilidad de una mujer cristiana".[217] San Agustín (354 − 430) también debe defender la santidad del matrimonio contra el mundo. Los maniqueos lo rechazaban como algo malo, y los jovinianos argumentaban que la Iglesia menospreciaba el matrimonio. Agustín expuso tres propósitos del matrimonio, siendo el primero la procreación de hijos. Esto reafirma la enseñanza de San Pablo VI sobre la importancia de la apertura a la vida. El segundo

---

[214] Didache, 1.
[215] *Ibid.*
[216] St. Chrysostom, *Homilies on Matthew* 28:5 (San Crisóstomo, *Homilías sobre Mateo*) 28:5 (391 d.C.).
[217] St. Caesarius of Arles, *Sermons* 1:12 (San Cesáreo de Arlés, *Sermones* 1:12) (522 d.C.).

propósito, según Agustín, es la lealtad matrimonial, y el tercero es el sacramental (no en el pleno sentido de la palabra, sino en el sentido de que el matrimonio es un signo de Cristo y la Iglesia).[218]

Durante la época medieval, la anticoncepción fue condenada como un acto contrario a la vida:

> Si alguien, con el fin de satisfacer deseos sexuales o con odio premeditado, hace algo a un hombre o a una mujer, o les da algo de beber, de modo que él no pueda engendrar o ella no pueda concebir o nacer descendencia, que sea considerado un asesino.[219]

Santo Tomás de Aquino (1225−1274) también condena la anticoncepción al considerarla una violación a la ley natural y, por lo tanto, un acto en contra del autor de esa ley, Dios mismo. Él dice:

> No debe considerarse de hecho, un pecado leve para un hombre disponer la emisión de semen al margen del propósito adecuado de generar y criar hijos.[220]

Incluso durante la Reforma Protestante, la totalidad del cristianismo coincidía en su condena a la

---

[218] Cf. Ludwig Ott, "The Sacrament of Matrimony", *Fundamentals of Catholic Dogma* ("El Sacramento del Matrimonio", *Fundamentos del Dogma Católico*), (Tan Books Publishers, Inc.: Rockford, Illinois, 1952), 462.

[219] Citado en William E. May, *Catholic Bioethics and the Gift of Human Life* (*Bioética Católica y el Don de la Vida Humana*), (Our Sunday Visitor: Huntington, IN, 2000), 144.

[220] *Ibid.*

anticoncepción. Martín Lutero escribió: "El abominable acto de Onán, el más vil de los miserables... es el pecado más vergonzoso. Es mucho más atroz que el incesto o el adulterio".[221] De hecho, todas las denominaciones cristianas estuvieron unidas en oposición al uso de la anticoncepción durante diecinueve siglos, hasta que la Iglesia Anglicana permitió su uso en la Conferencia de Lambeth de 1930, cuando declaró en la Resolución 15:

> En aquellos casos donde existe una obligación moral claramente advertida de limitar o evitar la paternidad, y donde hay una razón moralmente válida para evitar la abstinencia completa, la Conferencia está de acuerdo en que se pueden utilizar otros métodos.[222]

Incluso en esta concesión, la Iglesia Anglicana también reiteró una fuerte declaración en contra del uso de anticonceptivos:

> La Conferencia expresa su fuerte condena al uso de cualquier método de control de la concepción por motivos de egoísmo, lujo o mera conveniencia.[223]

Sin embargo, una vez que se abrió la "caja de Pandora" de la anticoncepción en la cultura, no hubo forma de controlar qué motivos impulsaban su uso. Se ha dicho que la "promulgación de la Resolución 15 resultó ser

---

[221] Martín Lutero, citado en Provan, Charles D., *The Bible and Birth Control (La Biblia y el Control de la Natalidad)*, (Catholic Answers, 2018).
[222] Conferencia de Lambeth, (1930) *Artículo 15*.
[223] *Ibid*.

un momento decisivo en la historia de las actitudes eclesiásticas hacia la anticoncepción".[224] Después de este pronunciamiento, una por una, todas las denominaciones protestantes abrazaron el uso de anticonceptivos.

---

[224] Florin Curta, Holt, Andrew, *Great Events in Religion: An Encyclopedia of Pivotal Events in Religious History (Grandes Eventos en la Religión: Una Enciclopedia de Hechos Fundamentales en la Historia de la Fe).*, (ABC-CLIO: Denver, 2017), 902.

APRENDE MÁS SOBRE *HUMANAE VITAE*

Atkinson, Joseph, Allan Carlson, Paul Gondreau, Mark Latkovic, Shaun and Jessica McAfee (2018), *Inseparable: Five Perspectives on Sex, Life, and Love in Defense of* Humanae Vitae, El Cajon: Catholic Answers.

Eberstadt, Mary (2012), *Adam and Eve After the Pill*, San Francisco: Ignatius Press.

Smith, Janet ed. (1993) *Why Humanae Vitae was Right: A Reader.* San Francisco: Ignatius Press.

Smith, Janet ed. (2018) *Why Humanae Vitae Is Still Right.* San Francisco: Ignatius Press.

Cada grupo de matrimonios (MCG) del WCI analiza *Humanae Vitae* durante sus reuniones. El currículo de MCG permite a los grupos discutir la encíclica juntos. Es una maravillosa oportunidad para profundizar en la comprensión y aplicación de *Humanae Vitae* en la vida de las parejas. Contacta al WCI (info@wojtylaci.com) o visita nuestro sitio web para aprender cómo iniciar un grupo en tu área: JP2Rule.com.

¡Comienza un grupo hoy mismo!

Vive la Regla.

Salva al Mundo.

JP2Rule.com

www.ingramcontent.com/pod-product-compliance
Lightning Source LLC
Chambersburg PA
CBHW021227130626
46554CB00004B/1396